CE QUI ENTRETIENT L'AMOUR

DU MÊME AUTEUR

AUX ÉDITIONS SALVATOR

Sortir des difficultés quotidiennes, 2005.

Vous êtes une bénédiction, 2006.

Diriger les hommes, les éveiller à la vie, 2006.

À chaque jour sa bénédiction, 2007.

Ouvre grand mon cœur, 2007.

Retrouver en soi la source de la joie, 2007.

Accomplir son humanité, 2008.

Les Huit Secrets du bonheur, 2008, nouvelle édition 2010.

Petit Livre du bonheur véritable, 2008.

Petit Livre de la vie réussie, 2008.

À la source de la force intérieure, 2009.

Que dois-je faire ? Face aux difficultés de la vie quotidienne, 2009.

Quand je crie, réponds-moi. Les Psaumes dans ma vie, 2010.

Petit Livre des anges, 2010.

La Mystique, 2010.

Anselm Grün

CE QUI ENTRETIENT L'AMOUR

Relations humaines et spiritualité

Traduction de l'allemand par
Robert Kremer et Marie-Lys Wilwerth-Guitard

SALVATOR
103 rue Notre-Dame-des-Champs
F-75006 Paris

Édition originale :
Anselm Grün, WAS DIE LIEBE NÄHRT
Beziehung und Spiritualität

Traduction française :

Yves Briend Éditeur S.A.
103 rue Notre-Dame-des-Champs F-75006 Paris
www.editions-salvator.com
contact@editions-salvator.com

Maquette intérieure : Atlant'Communication
Maquette de couverture : Isabelle de Senilhes
Illustration de couverture : © S. Bayram / iStockphoto

ISBN : 978-2-7067-0801-5

Introduction

Un journaliste m'a parlé récemment d'une conférence qu'il était allé écouter sur un sujet séduisant: Comment l'amour peut-il réussir dans une relation amoureuse ou amicale? Le conférencier avait déclaré qu'il suffisait que l'on suive ses conseils pour que l'amour entre un homme et une femme soit couronné de succès. Pourtant, à l'issue de la conférence, non seulement mon journaliste s'était trouvé désemparé, mais il avait même ressenti de l'agressivité en lui, car il savait pertinemment qu'aucune relation n'était aussi idéale. Et effectivement, lorsque de retour chez lui il en avait parlé à sa femme, une dispute avait éclaté. La conférence avait eu l'effet inverse de celui escompté.

Si l'on place la barre si haut qu'il est impossible de l'atteindre au quotidien, l'amour peut se tarir. Il peut « mourir de faim » au sens littéral du terme. La question se pose: Qu'est-ce qui nourrit l'amour? Comment, même au quotidien, les relations peuvent-elles puiser à la source de l'amour? La spiritualité peut conduire à cette source. Mon intention n'est pas de distiller dans ce livre des promesses à bon marché. Il n'existe pas de bonne méthode pouvant garantir la réussite d'une relation amoureuse ou d'une relation amicale. Ce qui m'intéresse, c'est cette relation et la spiritualité dans la vie de tous les jours. La spiritualité n'est assurément pas une recette qui aurait un effet bien circonscrit. Ce n'est pas non plus un voile pieux qui recouvrirait les conflits quotidiens. Non, la spiritualité ne recouvre rien. Ce n'est pas un idéal auquel nous aspirons (et que nous n'atteignons cependant jamais). Mais elle montre le chemin, un chemin réaliste. La question est de savoir comment nous pouvons nous y prendre avec d'une part notre nostalgie d'une relation réussie, d'autre part, nos déceptions et nos blessures; comment nous pouvons faire sans perdre l'espoir et sans réagir avec mauvaise conscience à nos échecs répétés. La spiritualité a des répercussions: elle relativise les efforts soutenus que nous accomplissons pour réussir. Elle nous fait comprendre que le rapport entre les sexes n'est pas tout dans la vie. Elle montre que nous attendons trop de nous-mêmes et de nos relations et veut nous décharger de cette pression. En même temps elle nous propose une base solide sur laquelle asseoir notre vie et construire nos liens sereinement et en toute confiance.

Les formes de relations sont multiples : entre un homme et une femme, un ami et une amie, entre des amis ou des amies, entre les parents et les enfants, les professeurs et les élèves, et d'autres encore, limitées dans le temps, celle qui s'instaure par exemple lors d'un accompagnement spirituel ou de l'assistance à une personne en fin de vie. Dans chacune d'elles, la spiritualité joue un rôle important. Mais je m'en tiendrai, dans ce livre, à la relation entre l'homme et la femme et à la relation amicale.

Dans ce contexte, j'entends la spiritualité au sens large. Pour les chrétiens, elle consiste à vivre en puisant à la source de l'Esprit Saint. Dans la tradition chrétienne, cela ne veut pas seulement dire la relation avec Dieu et avec Jésus-Christ, mais aussi l'articulation de la foi dans la prière, dans la participation au culte et dans la volonté de vivre en s'inspirant de la parole de la Bible. Mais aujourd'hui, on préfère un concept de spiritualité plus ouvert que celui proposé par l'approche chrétienne. On entend par elle une sensibilité pour la transcendance et pour une dimension plus profonde de la vie. Est considéré comme homme spirituel en ce sens plus large, celui qui ne se contente pas du superficiel et cherche le sens de sa vie et de son espérance au-delà des limites de ce qui est visible, faisable et accessible à l'expérience. En ce qui me concerne, je ne perds évidemment jamais de vue la spiritualité chrétienne, mais c'est sciemment que je vais avoir recours dans ce livre à un concept plus large qui permettra d'atteindre ceux qui cherchent un accès à la spiritualité en dehors de l'Église.

LES DIMENSIONS DE L'AMOUR

L'amour s'est-il tari ?

Les deux visages de l'individualisation

Qu'est-ce qui met les relations humaines en péril ? Les psychologues sont nombreux à penser que l'incapacité à nouer des relations durables est la plus grande souffrance des hommes d'aujourd'hui. Les sociologues en donnent les raisons et essaient d'expliquer pourquoi les contemporains souffrent de ce manque relationnel et pourquoi la faculté d'aimer est menacée. L'individualisation qui prédomine de nos jours en serait en partie responsable. Certes, l'individualisation a de bons côtés. Elle permet notamment à chacun de réaliser sa vie sans se laisser trop fortement influencer par la société. Mais une telle liberté a aussi son revers, car l'individu concentre son énergie sur l'épanouissement de sa propre vie. Au premier chef, il va considérer l'autre comme quelqu'un qui lui sert ou qui lui nuit. Dans le meilleur des cas, comme quelqu'un qui peut l'aider à développer son propre potentiel. Il va l'instrumentaliser, c'est-à-dire l'utiliser uniquement pour l'aider à se réaliser. L'homme reste néanmoins un être social, qui aspire à tisser des liens, mais que l'individualisation a éloigné des autres. Établir une relation est dès lors plus ardu aujourd'hui que par le passé. Quand le village constituait jadis une communauté, on s'y sentait en sécurité. Certes, cette situation avait souvent aussi quelque chose de restrictif. Aujourd'hui, plus rien de tout cela. L'aspect limitatif a disparu, mais avec lui, aussi le sentiment de sécurité. En même temps, nous aspirons de plus en plus à une appartenance. Appartenir à quelque chose, à quelqu'un est un besoin viscéral, même à l'ère de l'individualisme. Pour les jeunes, il est vital de faire partie d'un groupe, dont ils deviennent d'ailleurs souvent dépendants. Il s'agit rarement d'une relation mûrement réfléchie, mais plutôt d'un abandon de sa propre identité au profit de l'intégration au groupe. Ce désir d'appartenance est parfois aussi le point de départ d'une relation entre un jeune homme et une jeune fille. On a besoin de l'autre pour surmonter sa propre solitude. Mais aucune relation authentique et profonde ne peut se créer dans les registres du « besoin » et de « l'avoir ».

Le paradoxe des nombreuses possibilités

Dans un essai incisif, le sociologue Sven Hillenkamp parle de « la fin de l'amour », en s'appuyant sur le fait que la société offre à ses membres des possibilités apparemment illimitées de rencontres. La liberté de nouer des contacts n'a jamais été aussi grande, mais l'aptitude à aimer n'a pas suivi ce développement. Au contraire, elle est plus que jamais menacée. On est face à un constat étonnant : les différences culturelles ou les clivages sociaux insurmontables de jadis ne jouent plus de nos jours un rôle capital. Les femmes d'aujourd'hui ne sont pas les femmes d'hier. Elles ont un métier et sont intégrées dans la société. La mobilité va de soi, qu'elle soit géographique ou sociale. La technique aussi a son mot à dire. Les sites de rencontres sur Internet sont monnaie courante et se sont déployés de telle sorte qu'ils sont même devenus une industrie rentable. Toutes les couches sociales y ont accès, les plus simples comme les plus cultivées. Une présélection facilite le choix, parmi un panel aussi vaste et ciblé que possible de partenaires sexuels ou de vie commune. Des millions de personnes en mal de relations s'inscrivent dans des banques de données – comme dans des catalogues. Les possibilités d'entrer en contact, sans prendre d'engagement définitif, avec un nombre quasi infini de « partenaires idéaux », semblent illimitées.

Mais ce n'est pas le chemin le plus sûr vers le bonheur, car parallèlement, le nombre des séparations croît lui aussi. Les partenaires sont de plus en plus nombreux à se séparer, et de plus en plus vite. Certains, tenaillés par la découverte du partenaire « idéal » sont en recherche permanente, devenus dépendants au point de ne plus pouvoir s'en passer. Il leur faut faire sans cesse de nouveaux « essais ». Il en est même qui poursuivent leurs recherches alors qu'ils ont déjà déniché le ou la partenaire. En vain, car ils ne trouveront jamais « l'idéal ». Pour Hillenkamp, « ils seront toujours en quête de quelque chose de mieux, de quelqu'un de mieux ». La multitude des possibilités qui s'offrent à eux ne mènera pas ces gens-là au bonheur, car elle ne satisfera jamais leur nostalgie infinie.

Le rythme effréné du monde

Les exigences de la société de consommation et celles du monde économique, avec la pression d'efficacité qui les caractérise, ne sont pas propres à encourager la qualité des relations humaines. Si des êtres veulent se rapprocher l'un de l'autre, cela ne peut se faire ni de manière utilitaire, ni dans la précipitation, mais demande de l'attention, du soin, et donc du temps. J'entends souvent des gens, qui ont un poste important dans une entreprise, me dire qu'ils n'ont plus du tout de temps à consacrer aux autres. Ils sont tellement et de plus en plus accaparés par leur travail qu'il ne leur reste pratiquement plus d'espace pour entretenir ou construire une relation. Toujours par monts et par vaux, ils n'ont plus de temps libre à passer avec quelqu'un, plus d'espace pour des expériences à partager. C'était notamment le cas d'un homme et d'une femme mariés, qui avaient tous deux un poste à responsabilité dans une entreprise. Ils parcouraient le monde, chacun de son côté, et n'avaient guère de temps pour leur couple. Ils se téléphonaient d'ici ou là, de Hong Kong ou de São Paulo. Cette relation, limitée à des appels téléphoniques, était vouée à l'échec, d'autant qu'aucun des deux ne voyait la possibilité de fonder une famille. Ils se sont séparés. Le rythme fou du monde, la pression permanente que nous subissons, conduisent à ce que beaucoup d'entre nous n'ont plus la patience de construire une relation durable. Les déceptions sont fréquentes et les séparations sont de plus en plus rapides et nombreuses.

La perte de l'intimité

La société très médiatisée dans laquelle nous vivons crée, elle aussi, un climat malsain. L'étalage médiatique ne crée pas l'espace propice à l'épanouissement d'une relation. Je ne parle pas seulement de la sexualisation de la publicité qui nous environne, ou du déploiement de la pornographie, à laquelle les jeunes ont, très tôt déjà, accès sur Internet et qui leur apparaît comme la « normalité ». Que l'intimité des stars ou autres personnalités soit étalée au grand jour et avec force détail dans les médias a un effet néfaste sur le climat des relations humaines. Une relation ainsi exposée au public ne peut réussir. Si chaque querelle est à l'ordre du jour dans la presse à scandale, nul processus d'entente ou de réconciliation ne peut se mettre en marche. Par principe, l'intimité doit demeurer un espace protégé pour qu'une relation puisse réussir. Divulguer l'intimité de deux personnes, c'est empoisonner leur relation.

Le piège de l'objectivité

Rationalité et objectivité sont deux attitudes que réclame en priorité la vie publique, politique et économique. Mais ce sont des comportements qui se répercutent aussi dans la vie personnelle, car ils mènent à l'absence de relations. Celui qui ne fonctionne qu'avec sa tête, qui rationalise et subjectivise tout n'éprouve pas le besoin de créer des liens. Nous connaissons tous ces gens qui savent apporter dans des discussions des arguments purement rationnels, mais n'entrent pas véritablement en contact avec leurs interlocuteurs. Ils restent en retrait dans toute relation car ils ne sont pas sûrs d'eux. En effet, s'ils voulaient se lier vraiment, ils seraient obligés de mettre leur cœur à nu, et préfèrent donc se réfugier dans une argumentation purement rationnelle. Aujourd'hui, l'objectivité est considérée quasiment comme la vertu par excellence. Certes, elle implique aussi une disponibilité à laisser de côté son propre ego et ses intérêts personnels pour aborder quelque chose, rationnellement et sans parti pris. En cela, c'est effectivement une attitude positive et une vertu. Mais attention : lorsqu'on en appelle sans arrêt à l'objectivité dans une discussion, c'est souvent seulement pour essayer d'éviter les émotions et de faire abstraction de la dimension relationnelle. Quand un mari ne cesse d'exhorter sa femme à rester « objective », c'est qu'il ne prend au sérieux ni ses émotions, ni sa personne elle-même. Il se soustrait à la relation proprement dite pour se limiter au niveau prétendument objectif. Les conflits relationnels ne relèvent jamais uniquement de questions d'ordre objectif. La dimension intérieure est en cause. Des blessures inconscientes de l'âme et des besoins non assouvis refont surface et développent leur dynamique. Il ne faut pas négliger cette dimension, mais au contraire la prendre en compte, pour que des partenaires puissent résoudre ensemble un conflit. En pensant que l'on peut trouver la solution d'un problème d'une manière purement objective, on ne fait que générer d'autres conflits. Car ce que l'autre va refouler émergera à nouveau à la prochaine occasion.

Une solitude masquée

Je remarque chez pas mal de gens qu'ils n'arrivent tout simplement pas à percevoir leur manque relationnel et leur incapacité à nouer des relations. Eux-mêmes se considèrent comme des êtres sociables et liants, n'hésitant pas à aller vers les autres, parlant avec aisance. Mais cette affabilité, cette disponibilité à créer des contacts ne sont souvent qu'une façon de masquer un manque relationnel profond. Oui, on est aimable avec tout le monde, mais cette amabilité permet aussi de maintenir les autres à distance, de ne laisser personne approcher véritablement de soi, de freiner toute relation soutenue. Le courant ne passe pas entre ces gens-là et ceux vers qui ils vont, à qui ils s'adressent. Leurs formules amicales toutes faites, qui semblent parfois même avoir une tonalité personnelle, ne font que dissimuler un manque. Mais s'ils ne peuvent ou ne veulent percevoir ce manque, ils ne peuvent pas non plus y remédier. Ils vont l'ignorer pendant un temps, jusqu'au moment où ils vont ressentir douloureusement leur solitude. Certains s'enfonceront dans une grave dépression, car ils se rendront compte que, malgré un carnet d'adresses bien rempli, ils n'ont pas de relations authentiques, que nul ne les recherche vraiment en tant que personne. La solitude se durcit dès lors qu'on tente de l'éviter de cette manière.

LA PEUR DE SE LIER À AUTRUI

Ils sont nombreux ceux qui rêvent d'une relation réussie, mais redoutent en même temps la proximité; qui ont peur, en s'engageant trop avant dans une histoire, d'être déçus, blessés et se replient sur eux-mêmes. Cette peur de la blessure, qui les a amenés à se cloisonner en eux-mêmes, trouve souvent son origine dans des expériences traumatisantes de l'enfance. Il suffit que la confiance dans le père, la mère, ou la camarade de classe ait été trahie pour que se développe la phobie de toute relation. Car dès qu'une confiance naît, ils ont le sentiment qu'elle peut tout aussi vite être déçue. L'absence d'une expérience relationnelle positive dans la petite enfance fera que l'adulte aura du mal à se lier aux autres. Il ressentira tout lien comme un étouffement et non comme un chemin vers la liberté intérieure. Faire l'expérience de la fidélité et du lien comme quelque chose de positif est décisif pour l'enfant dans son aptitude future à nouer des relations avec les autres. Si un enfant voit ses parents se quereller et s'opposer continuellement, il ne pourra qu'avoir des difficultés, plus tard, à s'engager avec un ou une partenaire, car il aura peur que sa relation connaisse les mêmes problèmes que ceux de ses parents.

Si la relation d'un enfant avec ses parents n'est pas solide, si l'enfant a peur d'être délaissé, il va se fermer également aux autres et se renfermer sur lui-même pour ne pas sentir la douleur d'être abandonné. C'est pour lui une stratégie de survie. Il va se protéger en se mettant en boule comme un hérisson. Il sortira de temps à autre une petite antenne pour prendre des contacts, mais, de peur d'être blessé, montrera immédiatement ses épines dès lors qu'on s'approchera de lui un peu trop près. Et pourtant, il n'est pas de relation sans blessures. La relation prospère grâce à une proximité de plus en plus intense, mais grâce aussi parfois aux blessures qu'elle génère et qui peuvent nous ouvrir pour l'autre, car elles montrent que nous ne pouvons pas toujours garder la façade. Si l'on veut vraiment sentir l'autre, se rapprocher de lui, il faut sortir de soi-même, dépasser les apparences, tomber le masque et se montrer tel que l'on est. La blessure permet de mettre son cœur à nu, avec son dénuement, de montrer sa sensibilité et sa vulnérabilité. Ce n'est pas facile et cela fait peur. On veut paraître fort aux yeux des autres, invulnérable. Alors on se ferme. Montrer sa vulnérabilité, c'est risquer d'être jugé négativement. Et croire qu'on n'est pas bien tel que l'on est signe un profond manque de confiance en soi.

Jürg Willi, psychologue suisse et thérapeute spécialisé dans l'accompagnement de couples, constate que notre société favorise le narcissisme. Chacun tourne d'abord autour de soi-même, et des valeurs comme la solidarité se perdent. Pour Willi, le manque relationnel se manifeste déjà dans le fait que les maladies psychiques modernes, comme l'anorexie ou les troubles de la personnalité, sont des névroses qui empêchent les relations, alors que les maladies courantes de jadis, comme l'hystérie, la phobie ou la peur de l'infarctus sont plutôt des névroses qui créent des relations. Ces dernières avaient toujours trait au rapport aux autres, alors que dans l'anorexie, par exemple, on se soustrait à la relation.

La perte de la transcendance

Je suis persuadé que la perte d'une dimension transcendante a aussi des conséquences sur la relation entre un homme et une femme, qu'elle peut même la mettre réellement en danger. C'est le cas notamment lorsque l'on fait une trop grande fixation sur le ou la partenaire, au point d'attendre de lui ou d'elle quelque chose que seule la transcendance peut apporter. Une certaine sensibilité pour la transcendance peut même contribuer à délester la relation de poids trop lourds à porter. Ne faire que regarder l'autre, c'est petit à petit exercer un contrôle sur lui, l'observer et l'analyser – ou alors s'ennuyer. Pour que réussisse une relation, il ne faut justement pas, comme disait Antoine de Saint-Exupéry, « se regarder sans cesse l'un l'autre, mais regarder ensemble dans la même direction ». Cela veut dire que soit on partage des valeurs fondamentales, soit on vise les mêmes objectifs. « La même direction », ce peut être un projet, par exemple celui d'avoir des enfants et de fonder une famille. Ce peut être aussi une tâche que deux êtres réalisent ensemble et qui les lie intérieurement. Mais ces « directions » sont, elles aussi, vite épuisées. Il faut davantage encore : une direction qui n'a pas de limite, qui ouvre un espace infini. C'est celle de la transcendance.

Jean Gebser, philosophe et psychologue suisse confirme cette approche au regard d'un phénomène propre à notre époque : le matérialisme. C'est pourquoi nous aimerions évoquer sa pensée. Pour Gebser, le matérialisme aggrave le manque relationnel : « Tout ce qui accentue trop le côté matériel de la vie alimente et même suralimente l'égocentrisme jusqu'à ce qu'il dégénère et aboutisse à un complet isolement. Un homme qui toute sa vie n'utilise ses expériences que pour nourrir son égoïsme et le satisfaire se coupe de toute relation authentique, avec lui-même, avec les autres ou avec les valeurs éternelles. »

Les quatre dimensions d'une relation réussie

J'aimerais, dans ce qui suit, ne pas traiter de plus près des raisons qui créent le manque relationnel. Je souhaite simplement décrire cet isolement comme il m'est donné de le voir, et plus précisément à travers quatre domaines que je vais également développer dans un sens positif : la relation à soi-même, aux choses, aux gens et à Dieu.

La relation à soi-même

Cette relation à soi-même, nombreux sont ceux qui l'ont perdue. Ils vivent simplement au jour le jour, ils fonctionnent, mais n'ont pas de véritable perception d'eux-mêmes. Ils n'ont pas d'authentique rapport à leur corps. Un chef d'entreprise m'a raconté qu'il faisait chaque jour son jogging pour se maintenir en bonne forme. C'est dire qu'il traitait son corps comme une machine qui devait être huilée, et ce pour être en mesure d'assumer le travail dont il avait la charge. Mais il n'habitait pas son corps, il ne le sentait pas. Il n'avait pas de relation avec lui. Au cours de mes accompagnements spirituels, j'ai rencontré souvent ce même cas de gens qui suivent leur chemin spirituel en passant à côté de leur propre corps. C'est pourquoi la spiritualité ne va pas non plus les changer. Elle va rester dans leur tête et n'aura pas de retentissement sur tout leur être. Certes, ils parleront de spiritualité, mais ce qui se dégagera d'eux, ce ne sera pas un rayonnement spirituel, ce seront souvent les agressions et les besoins qu'ils auront refoulés.

Bien des gens aussi ont perdu non seulement le lien à leur corps, mais aussi le lien à leur âme. Ils n'en entendent plus les discrets signaux. Ils étouffent leurs sentiments dès lors que ceux-ci ne sont pas clairs. Ils tentent d'ignorer quand leur cœur parle et réagissent alors de manière purement rationnelle aux échanges et aux événements. Ils ont peur de prendre en compte leurs sentiments. Ils pressentent en effet que ceux-ci pourraient les conduire à leur propre vérité et préfèrent ne pas faire l'effort de l'affronter. Le manque de rapport à la propre âme a souvent son origine dans la peur : peur de soi-même, peur de ce que les sentiments pourraient leur révéler que la vie qu'ils mènent n'est pas bonne et qu'ils doivent en changer, peur d'être considérés par les autres comme trop sensibles ou trop mous. Alors ils ignorent leurs affects. Et pourtant, selon la thérapeute suisse Verena Kast : « Si nous ne voulions pas admettre nos émotions, si nous tentions de les faire taire, nous serions des hommes que rien n'affecterait plus. Et cela voudrait dire que nous ne nous ressentirions plus nous-mêmes et que nous ne pourrions pas non plus assumer une quelconque responsabilité. »

La relation aux choses

Les troubles relationnels se rencontrent aussi dans la relation aux choses. La sensibilité pour elles a tendance à disparaître de plus en plus. Les propriétaires d'hôtels peuvent amplement témoigner de ce que de nombreux clients font bien peu cas des objets mis à leur disposition. Ainsi, aujourd'hui, on prône à juste titre la protection de l'environnement alors que bien des gens ont perdu la relation au monde environnant et à la Création. Notre vieux menuisier, un homme de 80 ans, est arrivé un jour en larmes parce que des élèves avaient vandalisé la porte qu'il avait si amoureusement fabriquée. Les jeunes n'avaient aucune idée de ce que représentait ce travail parce qu'ils n'avaient pas de lien aux choses. Dans leur esprit, cette porte n'était là que pour leur permettre d'exprimer leur agressivité, mais ils ne la percevaient pas comme un travail artisanal. Il peut en aller de même avec des randonneurs qui n'ont pas de véritable relation à la nature, ou encore dans certaines revendications sociales. Si la protection de l'environnement n'est pas enracinée dans un vrai rapport à la nature, elle se réduit alors à un simple appel moral ou est justifiée par des arguments exclusivement rationnels. Et ils auront beau être aussi rationnels que possible, ils ne seront pas en mesure de garantir la protection et la sauvegarde de notre environnement. Ce n'est qu'après être allé à l'école du respect que nous pourrons ressentir les choses et la nature, et être en relation avec elles. Quand on ressent la nature, on la respecte. Et notre comportement envers les choses aura aussi des répercussions à l'échelle sociale et sur notre relation avec nos semblables.

La relation aux autres

En n'ayant de relation ni à soi-même ni aux choses, il est difficile d'en avoir avec les autres. Certes, on aimerait bien en avoir, on en espère une qui soit bonne et qui nous mette en contact avec nous-mêmes. Mais si l'on n'est pas au clair avec soi-même, on ne peut en arriver à un rapport authentique avec autrui. Les psychologues constatent que les jeunes garçons de 14 ou 15 ans qui sont mal dans leur peau et incapables de s'entretenir ou de flirter simplement avec les filles, se polarisent tout de suite sur la dimension sexuelle. La sexualité devient pour eux le seul refuge qui, espèrent-ils, va leur permettre de sortir de la prison de leur propre ego. Mais la sexualité ainsi vécue ne peut pas non plus combler le déficit si l'on n'a pas en soi une aptitude relationnelle. Celui qui ne se perçoit pas lui-même, qui ne se sent pas, ne peut qu'être déstabilisé dans son rapport aux autres. En effet, il ignore qui il est vraiment et n'ose donc pas se révéler ouvertement. Il a peur que l'autre puisse découvrir son vide intérieur. Je ne deviens moi-même que dans le face à face à un interlocuteur, à un Toi, dit Martin Buber. Mais s'il n'y a pas de Je, il ne peut pas non plus y avoir de rencontre avec un Tu. Je dois avoir une idée de ce que je suis moi-même pour pouvoir entrer en contact avec l'autre qui me fait face.

La relation à Dieu

L'aptitude à établir des relations selon les dimensions que nous venons de décrire, avec soi-même, avec les choses et avec les autres, est un présupposé pour s'ouvrir à une expérience transcendante. Il est en effet difficile pour quelqu'un qui n'a de relation ni avec soi-même ni avec les autres, d'en établir une avec Dieu. Celui qui ne se perçoit pas lui-même n'est pas non plus en mesure de percevoir Dieu. En son temps, Cyprien de Carthage disait déjà : « Comment peux-tu demander à Dieu qu'il t'écoute si tu ne t'écoutes pas toi-même ? Comment veux-tu que Dieu pense à toi alors que toi-même, tu ne penses pas à toi ? ». En utilisant la formulation latine *memor esse*, garder en mémoire, faire mémoire de, il veut dire en vérité : « tu n'es pas présent à toi-même, tu n'es pas dans ta mémoire et c'est parce que tu n'es pas en contact avec toi-même que tu ne peux être en contact avec Dieu. » Dans les entretiens spirituels que je conduis, je remarque souvent le désir des gens de ressentir Dieu, d'entrer en contact avec lui. Mais je constate en même temps leur peur d'être éventuellement déçus s'ils s'ouvrent à lui. Ou encore la crainte de ce que Dieu pourrait se retirer alors qu'ils font route vers lui. Ils reportent ainsi sur Dieu le manque de confiance qu'ils ont éprouvé envers un père alcoolique, par exemple, pensent qu'ils ne peuvent pas compter davantage sur Dieu et n'osent pas s'abandonner à lui. Et comme ils ne savent pas vraiment qui ils sont, ils ne savent pas non plus qui au juste ils doivent envoyer à Dieu pour nouer une relation avec lui. Ils redoutent d'exposer leur chaos intérieur à la réalité de Dieu, car ce serait passer par une trop douloureuse rencontre avec soi-même, qui mettrait au jour tout ce qui est obscur, confus et déplaisant dans leur âme.

Pour ma part, je m'en tiens au principe suivant : je ne peux percevoir ni sentir Dieu si je ne me perçois pas moi-même. Je ne peux entrer dans une relation authentique avec Dieu si je n'ai pas de relation avec moi-même. Il n'en va pas, dans un lien avec Dieu, autrement que dans n'importe quel autre. Pour qu'un lien soit authentique, il nous faut nous engager et nous révéler entièrement. Nous ne pouvons pas ne mettre en avant que nos points forts et cacher tous les aspects de nous-mêmes que nous n'aimons pas regarder en face. C'est seulement en nous livrant totalement, tels que nous sommes, qu'une relation peut grandir et s'épanouir. Si je ne suis qu'à demi-présent, rien ne se passera entre Dieu et moi. Une relation réelle, y compris avec Dieu, demande que j'y apporte tout ce qui est en moi.

Nous l'avons déjà dit: il n'y aura pas de véritable relation si je ne suis présent que de manière rationnelle; tout au plus un échange d'idées. Nouer une relation en me présentant tel que je suis vraiment demande de l'honnêteté et du courage de ma part, car il me faut me détacher de mon image idéale et m'accepter, me voir tel que je suis. Le manque relationnel vient souvent de ce que nous ne voulons pas nous-mêmes entrer en contact avec ce qui ne correspond pas à notre image idéale. Nous avons peur de ce que nous sommes des humains et donc imparfaits.

D'autres ont des difficultés dans leur relation à Dieu parce qu'ils associent « relation » et « sentiments ». Ils veulent ressentir la relation à Dieu. Ils veulent revivre les sentiments qu'ils ont eus un jour, dans leur enfance ou leur adolescence, lors d'un office religieux ou d'une fête de Noël. Ils déplorent que leur relation à Dieu ne soit plus intense comme alors et se plaignent de ne plus rien éprouver lorsqu'ils prient.

Certes, la relation à Dieu peut s'exprimer et s'expérimenter sous la forme de sentiments. Mais elle est davantage qu'un sentiment. Elle est là, elle existe même si je ne la sens pas. Tout comme ma relation avec un ami perdure même si je ne pense pas à lui à chaque instant. La relation à Dieu implique un attachement, une fidélité. Je me réfère à lui en tout ce que je fais, en tout ce que je pense. Je compte avec lui. J'imagine que je vis sous son regard et en sa présence ; une présence que je ne sens pas vivante en permanence, qui est même vide parfois ; Dieu peut me sembler absent, et pourtant, je sais qu'il est là. Je me réfère à lui dans une telle situation, je ne m'enfuis pas. Mais je ne me mets pas non plus sous pression pour m'obliger à éprouver des sentiments religieux définis.

Nos relations humaines et notre image de Dieu

L'image de Dieu et notre propre image

Pour peu que l'on réfléchisse à l'interaction entre « relation et spiritualité », une question fondamentale vient rapidement à l'esprit, concernant la correspondance entre la condition humaine, tissée de relations personnelles, et l'image que nous avons de Dieu en tant que personne, en tant que réalité personnelle. Que l'image que nous avons de nous-mêmes et celle que nous avons de Dieu se correspondent est une expérience que je ne cesse de faire dans mes accompagnements spirituels. Ce rapport est aussi simple que lourd de conséquences pour l'individu: s'il a de Dieu une image réprobatrice, il aura aussi fréquemment tendance à l'autopunition. Si Dieu lui apparaît comme contrôlant tout, il sera souvent enclin à constamment surveiller ses comportements et ses sentiments. La question de la conception personnelle ou apersonnelle que l'on se fait de Dieu et de son influence sur l'image de soi-même ou du partenaire apparaît aussi dans ce contexte et a souvent des répercussions sur la relation.

Il y a quelques années, j'ai été invité par des psychologues à parler, en ma qualité de théologien, de la spiritualité chrétienne lors d'un colloque. Certains, nombreux, que leur éducation chrétienne avait souvent traumatisés et qui refusaient d'être constamment qualifiés de pécheurs, s'étaient mis en quête d'une spiritualité s'inspirant du bouddhisme, mais ressentaient à nouveau le besoin de redécouvrir leurs racines chrétiennes. L'un d'eux fit un rapport intéressant tiré de son expérience de thérapeute : un certain nombre de ses patients, qui aspiraient un peu trop exagérément à ne devenir qu'un et à se fondre avec le divin, ne faisaient ainsi que donner une auréole religieuse à leur déficit relationnel. C'est qu'ils n'étaient pas prêts à déplorer leur incapacité à nouer des relations, car une telle démarche les aurait inévitablement conduits à un passage par la souffrance pour accéder au tréfonds de leur âme. Ils souhaitaient donc éviter cette douleur et compenser le manque relationnel par une démarche spirituelle. Mais voilà : la compensation ne nous transforme pas en profondeur. Elle n'aide pas à guérir du manque, ni à mieux le gérer. Compenser, c'est fuir sa propre détresse. Je ne veux pas reconnaître que je souffre d'un manque relationnel, alors je le contourne en imaginant que je ne fais qu'un avec Dieu et que je me fonds en lui. Ce comportement a souvent pour conséquence qu'en m'imaginant cela, je me place au-dessus des autres et en arrive finalement à mépriser ceux qui ont besoin d'une relation conjugale ou amicale. Je me suis élevé au-dessus de ce besoin par le biais de la spiritualité, mais la fusion avec le divin dissout également mon être personnel lui-même. Rejoignant C.G. Jung, Peter Schnellenbaum met en garde contre ces sentiments de fusion quasi océanique qui ne font pas de bien à l'homme. Au lieu de mûrir en tant que personne, l'homme se dissout dans de tels sentiments jusqu'à perdre sa propre identité. Ou bien il en tire une idéologie qui lui fait dire: il n'y a pas d'être personnel. Si je ne fais qu'un avec Dieu, il n'y a que l'être à l'état pur.

Une telle attitude est à mon avis dangereuse. La question de l'image de Dieu et de son rapport avec l'image de l'homme n'est donc abstraite que dans une première approche. Elle a de si nombreuses conséquences qu'il me faut les développer plus en détail dans ce qui suit. En les élucidant, il est possible d'expliquer bien des choses importantes qui influent sur la compréhension de la vie spirituelle et sur la perception de la dimension spirituelle des relations.

L'image apersonnelle de Dieu

De nombreuses personnes, qui ont cherché la spiritualité d'inspiration bouddhiste, parlent aujourd'hui d'une image apersonnelle de Dieu. Pour elles, Dieu est énergie, amour, vibration. Il est pour ainsi dire le champ magnétique dans lequel je vis. Si dans ce qui suit je parle de l'image apersonnelle de Dieu, cela ne veut pas dire qu'elle n'a pas sa justification, ni qu'elle est erronée d'un point de vue chrétien. Au contraire, évoquer ainsi l'image apersonnelle de Dieu est tout à fait justifié. Dieu est l'union de tous les contraires. Il est personnel *et* suprapersonnel, apersonnel *et* transpersonnel. Mais il est aussi un Tu qui me fait face, m'interpelle et me défie. Dans la tradition chrétienne, il a quelquefois si concrètement été question de Dieu en tant que personne que nous l'avons confondu avec une personnalité humaine. Lorsque d'aucuns disent que nous, chrétiens, avons à tort personnifié Dieu, ils pensent en réalité que nous avons parlé de lui de façon trop anthropomorphique, l'assimilant à une personne humaine. Ken Wilber se fait ainsi leur porte-parole lorsqu'il voit la foi en un Dieu personnel comme une étape préliminaire à la véritable spiritualité et lorsqu'il pense que « la foi en un Dieu personnel qui s'occupe de mes souhaits égocentriques ne peut sans doute pas être totalement justifiée, que rien, en tout cas, ne parle de façon convaincante en sa faveur et qu'on ne peut s'y fier. » Il apparaît clairement dans cette citation de Wilber, que nous considérons Dieu comme une personne humaine vers qui nous nous tournons et à qui nous nous adressons pour qu'elle satisfasse nos souhaits égoïstes. Mais lorsque Jésus parle du Père, il ne pense pas à ce Dieu-là qui comble nos propres désirs. C'est donc bien plus au nom de Jésus que nous devons prier Dieu, en laissant de côté notre égoïsme. Prier Dieu comme un Père, c'est autre chose que chercher à l'utiliser pour imposer nos propres souhaits. Jésus s'adresse à Dieu comme à un vis-à-vis, comme à quelqu'un qui lui fait face. Ce « Toi », nous ne devons pas nous le représenter trop concrètement comme un vieux père complaisant, car nous aurions du mal à établir un lien entre cette image de Dieu et la réalité de la vie. Nous ne pouvons pas associer et réconcilier l'image d'un bon père avec la mort d'un enfant innocent ou la souffrance dans le monde. Nos propres expériences nous obligent donc à nous défaire d'images trop concrètes d'un Dieu personnel.

Et pourtant, ces questions sur la manière de percevoir Dieu sont anciennes. Elles nous préoccupent depuis fort longtemps, bien avant notre rencontre avec le bouddhisme. Les Pères de l'Église déjà avaient passionnément lutté pour préserver la vision d'un Dieu personnel, combattant la doctrine sur le Dieu suprapersonnel que propageait la gnose de leur époque. Rester ainsi attaché à la personnalité de Dieu n'était jamais pour eux qu'une spéculation abstraite, mais aussi une lutte pour la dignité et le mystère de l'homme, qui n'est pas n'importe quel être de chair et d'esprit, qui n'est pas un individu quelconque, mais une personne unique et singulière. S'attacher à la personnalité de Dieu, cela signifiait pour eux (et cela vaut encore aujourd'hui) protéger la dimension proprement personnelle de l'homme, que la tradition judéo-chrétienne a toujours hautement estimée : les philosophes personnalistes étaient juifs pour la plupart, ou chrétiens, comme, parmi les plus célèbres, Martin Buber, Ferdinand Ebner et Franz Rosenzweig. Dans les années 1950, la théologie et la philosophie chrétiennes ont fait leur la philosophie personnaliste de Buber. Dans le dialogue avec le bouddhisme, il est temps de s'efforcer de réarticuler cette théologie, en tenant peut-être davantage compte de la psychologie et de l'expérience vécue.

DIEU COMME RELATION

L'image du Dieu trinitaire – qui est au cœur de l'image chrétienne de Dieu comme personne – exprime que Dieu est intégralement relation. Il est Père, Fils et Saint-Esprit. La correspondance entre cette image du Dieu trinitaire et la propre image de l'homme signifie que nous ne sommes pas seulement ceux qui, face à un Dieu trônant au-dessus de nous dans les cieux, répondons docilement et devons simplement accepter ce qu'il nous commande. Nous sommes bien davantage intégrés dans cette relation entre le Père, le Fils et le Saint-Esprit. La personnalité de Dieu est visible pour nous tous dans le visage de Jésus. Dans son *Introduction au christianisme*, Joseph Ratzinger voit dans le Dieu personnel le message chrétien décisif. Avec Pascal, il distingue le Dieu de Jésus-Christ, le « Dieu d'Abraham, Dieu d'Isaac, Dieu de Jacob, non des philosophes et des savants. » Dieu, justement, n'est pas que pensée. Il ne se réduit pas au monde conçu mathématiquement. Dieu est un Tu qui nous fait face. La théologie du Moyen Âge a elle aussi tenté de lier étroitement l'image philosophique de Dieu avec le Dieu personnel de la Bible. Pour les théologiens de cette époque, Dieu ne relève pas prioritairement de la pensée, mais de l'amour. Il est amour. Or l'amour est une réalité personnelle qui vient au-devant de l'homme. L'amour est relation.

Le rapport s'éclaire dès lors entre la lutte autour du Dieu personnel et de l'image de l'homme : si je ne reconnais que le Dieu des philosophes, c'est-à-dire la pensée pure et, en fin de compte un neutre indifférent, il m'est également difficile de découvrir ma propre personne comme essentiellement relationnelle. Qui ne considère le statut de personne que comme quelque chose d'extérieur et ne reconnaît comme réel que la dissolution de la personne afin qu'elle devienne pur être, aura des problèmes avec son identité personnelle. Ratzinger met en évidence chez les Grecs le rapport entre l'image de Dieu et la propre image : « Pour la pensée grecque, les nombreux êtres particuliers, sans excepter les hommes, ne sont que des individus. Ils résultent de l'émiettement de l'Idée par la matière. De la sorte, le multiple est toujours une réalité secondaire ; la réalité authentique, ce serait l'un et l'universel. Le chrétien voit dans l'homme non pas un individu, mais une personne. » Dans ce passage de l'individu à la personne, clarifié dans la lutte pour des concepts et des images appropriés au mystère du Dieu trinitaire, l'essence de la personne apparaît plus clairement : « Le concept et l'idée de "personne" sont nés dans l'esprit humain à travers la lutte pour l'image chrétienne de Dieu et pour l'interprétation de la figure de Jésus de Nazareth. »

L'essence même du Dieu trinitaire est donc de l'ordre de la relation. Le Père et le Fils sont des termes relationnels. Ils se réfèrent l'un à l'autre. Et par Esprit Saint, on entend la relation en soi, le processus relationnel comme tel. La réflexion sur la dimension référentielle comme énoncé essentiel sur Dieu a également conduit à une nouvelle compréhension de l'homme : de par son essence même, l'homme est toujours référé à un Toi.

Clarifications dans le dialogue des religions

Le but de l'existence humaine

La culture de la personne et celle des relations interpersonnelles qu'a développées la spiritualité judéo-chrétienne devraient faire l'objet d'une nouvelle réflexion au regard de la faculté relationnelle de l'homme. C'est ce que s'attache à faire aujourd'hui le dialogue entre les religions du monde. Et sur ce plan, les débats théologiques des Pères de l'Église sont toujours d'actualité. En effet, l'Antiquité tout comme le bouddhisme voient en l'homme un individu dans lequel se sont concrétisés l'esprit, la réalité au sens général. La philosophie grecque ne s'intéresse pas à la personne, mais à l'individu. Le bouddhisme met lui aussi l'accent sur l'Être général, et l'objectif de l'homme consiste pour lui à renoncer à son être personnel au profit du pur être, à s'intégrer dans le divin pour s'y dissoudre. Dans le dialogue entre la mystique bouddhiste et la mystique chrétienne, c'est là une différence majeure.

La mystique chrétienne vise, elle aussi, l'union à Dieu, mais elle prend également en compte la différenciation des personnes. L'homme s'unit à Dieu à la manière dont la tradition théologique a décrit l'union de la nature divine et de la nature humaine en Jésus : « sans mélange, sans confusion, sans division et sans séparation. » Mais l'être humain ne se fond pas en Dieu, ni ne se mélange à lui. Il reste toujours l'homme qui s'unit à Dieu. C'est pourquoi la mystique chrétienne a toujours comparé cette union de l'être humain et de Dieu à l'union de l'homme et de la femme – qui ne font qu'un tout en restant chacun soi-même ; qui, dans l'extase de l'amour se dépassent eux-mêmes et, en s'unissant, ne font qu'un, tout en restant deux natures distinctes.

Comment pouvons-nous aujourd'hui, au vu de ces concepts brièvement esquissés, comprendre la notion de personne ? Comme l'a décrit le philosophe Max Müller, l'esprit, pour la philosophie grecque, se libère à nouveau de la matière au moment de la mort, « pour retrouver sa généralité principielle, sa totalité illimitée, son absoluité et sa divinité. » Mais pour la foi chrétienne, l'homme est une personne pourvue d'une dignité inaliénable, et reste une personne, même après la mort. La personne ne se dissout pas dans la mort, elle s'unit à Dieu. Dans ce sens, être une personne signifie être appelé par Dieu. L'homme n'est donc pas en première ligne un lieu où Dieu s'exprime, mais une personne qu'il interpelle et qu'il appelle, un vis-à-vis de Dieu qui aspire à ne faire qu'un avec ce Dieu qui lui parle.

Les points de vue de l'Orient

Les représentants du bouddhisme voient dans cette approche chrétienne un égocentrisme individualiste – et c'est un reproche qui n'est pas à négliger. En effet, le point de vue chrétien n'est pas sans danger dans la mesure où il peut conduire l'homme à se considérer comme une personne au sens absolu du terme, et à ne tourner qu'autour de lui-même. Mais la conscience morale lui montre que, par sa nature même, il est référé toujours aux autres hommes et à Dieu. En absolutisant sa personne il court effectivement le risque que dénonce le bouddhisme. Le dialogue avec ce courant spirituel peut dès lors contribuer à redécrire avec attention l'essence de la dimension personnelle de l'être humain.

La question est de savoir si les conceptions occidentale et orientale sont simplement contraires ou bien si, sans renoncer à ce qui nous est propre, à nous Occidentaux, nous pouvons tirer, pour notre compréhension de la personne, des enseignements de la philosophie asiatique très différente de la nôtre. Hans-Joachim Klimkeit, spécialiste des religions, en comparant l'anthropologie asiatique et la philosophie personnaliste occidentale, souligne, dans un premier temps, ce qui les différencie : « Un bouddhiste qui ne reconnaît pas un Dieu personnel considère la rencontre avec un Tu comme aussi peu constitutive pour la réalisation de soi-même qu'il n'accorde de l'importance à l'idée occidentale de la personne, car il considère a priori la personnalité comme le symbole d'un état de non-délivrance. »

Avant de nous interroger sur les conséquences de cette conception et afin d'en garantir une approche différenciée, il faut d'abord retenir que l'Orient ne nie pas, bien entendu, la valeur de l'être humain individuel. La philosophie chinoise du taoïsme vise à promouvoir l'homme noble. Mais celui-ci, selon Klimkeit, « n'agit justement pas en vis-à-vis d'un Toi, mais à partir de son propre milieu, du centre de lui-même. L'accomplissement de son existence humaine réside pour lui dans la découverte de ce point central en lui-même. » Certes, l'hindouisme considère comme essentiel que l'homme « reconnaisse son identité avec Brahma... le fait qu'il est lui-même Brahma ». Mais cette religion connaît elle aussi la relation personnelle avec Ishvara, « l'être suprême compris comme une personne ». La tension dialectique entre ces deux conceptions religieuses n'est toutefois pas très claire. Selon Klimkeit, la théologie hindouiste tente « d'établir un équilibre entre l'être absolu et l'être personnel de Dieu. »

Nous rencontrons une tension dialectique similaire dans le bouddhisme, pour lequel les cinq constituants de l'existence – corporéité, sensations, perceptions, volition et conscience – correspondent à ce que nous appelons « personne » en Occident. Il n'y a pas de noyau constitutif au sens d'une âme personnelle et il est donc illusoire de s'accrocher au noyau personnel. Il existe toutefois aussi dans le bouddhisme une conception selon laquelle il ne s'agit pas seulement de se vider de soi-même, mais de se trouver soi-même, de « retourner à soi-même » en éveillant le Bouddha dans son esprit. Ce Soi ne sera néanmoins pas trouvé par le biais de la rencontre, mais seulement si l'homme découvre la vraie vie dans les profondeurs de son être et s'il renonce à son propre moi. Alors seulement, il sera capable de la « grande compassion » qu'a enseignée le bouddha Amida.

Les réponses chrétiennes

Quelles réponses les chrétiens apportent-ils aux points de vue asiatiques ? Quel enseignement peuvent-ils en tirer ? Une délimitation est-elle nécessaire et sur quel plan ? Rappelons tout d'abord les similitudes et les différences des approches. Celui qui recherche les similitudes peut par exemple citer la parole de Jésus : « Si quelqu'un veut venir à ma suite, qu'il se renie lui-même, qu'il prenne sa croix et qu'il me suive. » (Mc 8,34) Le chrétien doit, lui aussi, se défaire de sa fixation sur le propre ego afin de découvrir son être véritable. La psychologie des profondeurs de C.G. Jung distingue le Moi et le Soi. Le Moi veut s'imposer et se placer au centre. Le Soi est le noyau le plus intérieur de la personne, perméable pour Dieu – ou, comme le dirait le bouddhisme, « pour le fond intemporel de toute chose ». Au lieu de se mettre au centre de tout, le chrétien doit rejoindre son propre centre, là où Dieu habite en lui. Il lui est également demandé de s'ouvrir à Dieu dans la profondeur de son âme en arrêtant de tourner de manière égocentrique autour de lui-même.

Malgré ces similitudes, les chrétiens restent attachés à la conviction que chaque homme est individuellement interpellé par Dieu. Il ne doit pas seulement pénétrer jusqu'au fond divin en lui et s'abandonner lui-même en y plongeant, mais reste à jamais, y compris par-delà la mort, une personne à qui Dieu s'adresse.

Mais le taoïsme comme le bouddhisme peuvent nous apprendre, à nous chrétiens, à ne pas faire de l'homme un absolu. Le but de la personne est de s'ouvrir au « Tu », c'est-à-dire à Dieu et aux autres hommes, de cesser d'insister sur le propre ego. Deux lignes de penser peuvent nous y aider.

La première vise la relation aux autres hommes. Martin Buber l'a mise en évidence dans sa pensée dialogique. L'homme ne devient lui-même que dans le face à face à un Toi, dans la rencontre avec les autres. Celui qui n'est que centré sur lui-même renforce son ego, certes, mais passe à côté de la dimension personnelle de son être qui consiste justement dans l'ouverture à autrui.

La seconde a trait à la relation à Dieu. La relation intime au Dieu qui m'interpelle en tant que personne et m'appelle à la vie, dans une sollicitude de tous les instants. Mais – et c'est là notre réponse au reproche du bouddhisme – Dieu n'est pas seulement un face à face, il est aussi le mystère en action au cœur de tout, l'amour présent en toute chose. Le rapport à Dieu n'est donc pas d'ordre exclusivement personnel. Il s'accomplit également lorsque nous nous oublions en Dieu, que nous dépassons notre propre ego pour ne faire qu'un avec Dieu et nous laisser emplir par lui. L'idée chrétienne de l'Esprit Saint correspond dans une certaine mesure à la conception bouddhiste de l'union avec le divin. L'Esprit Saint prend demeure en nous. La théologie chrétienne le considère aussi comme une Personne, mais en lui se réalise une partie de ce que d'autres religions affirment à propos de l'esprit divin. En lui, l'homme s'ouvre au divin qui le comble et le transforme. Dans l'union avec l'Esprit Saint, il ne s'agit pas d'une dissolution de la personne, il s'agit de s'ouvrir soi-même, de se laisser emplir par l'esprit de Dieu. Cela ne s'accomplit pas seulement dans la rencontre, mais aussi dans la pure disponibilité à l'esprit de Dieu.

Les conséquences concrètes

Si au vu de ces considérations nous en revenons aux questions concrètes concernant les comportements et l'image de l'homme, la pratique thérapeutique et la spiritualité, nous constatons que dès lors qu'on se concentre exclusivement sur une approche spirituelle ou qu'on ne fait que méditer, on court le risque de ne pas se rendre compte des propres concepts de vie névrotiques et de ne pas y remédier. Certes, la méditation est un chemin spirituel utile, qu'il soit d'inspiration orientale ou occidentale. Au IIIe siècle déjà, les moines chrétiens s'appuyaient sur les formes de méditation exercées dans les cercles sacerdotaux égyptiens ou par les adeptes de Pythagore, pour pratiquer une méditation dans laquelle on relie la respiration à une parole de la Bible ou à une prière de Jésus. La méditation est censée me conduire à l'espace intérieur du silence, là où Dieu habite en moi. Mais si je l'utilise pour évincer mes problèmes, ce sera pour moi une fuite et non un moyen de me transformer. Les psychologues parlent ici de compensation. Je ne résous pas un problème mais le compense par autre chose.

Aujourd'hui, de bons maîtres de méditation, y compris de celle qui s'inspire de la tradition orientale, mettent en garde contre ce risque. Le moine bouddhiste Jack Kornfield est de ceux-là et rapporte qu'à l'époque où il vivait en Asie, de nombreuses personnes venaient de l'Occident dans l'espoir de résoudre leurs problèmes par le biais de la méditation. Mais celle-ci, poursuit-il, n'était d'aucune aide pour la plupart d'entre eux qui souffraient de profondes blessures intérieures, de névroses, d'angoisse et de tristesse. Ils avaient recours à la pratique spirituelle pour se masquer à eux-mêmes leurs problèmes ou les écarter. Richard Stiegler, psychologue transpersonnel et maître de méditation, fait des remarques analogues. Selon lui, il est toujours tentant d'esquiver ses propres manques et de plonger directement dans le vide de la conscience. « Ce qui peut toutefois conduire à une impasse et je le remarque lors des séances de méditation : celui qui éprouve de grosses difficultés à nouer des contacts opte de préférence pour une forme de méditation silencieuse et évite de choisir des groupes de découverte de soi. Cette compensation ne fait que renforcer son problème, son isolement s'accroît et lui-même s'endurcit encore. » La compensation ne peut délivrer de l'incapacité à nouer des relations et une chose est sûre : recourir à un cheminement spirituel pour éluder ses problèmes ne mène à rien.

L’amour humain et l’amour divin

Ce qu’est l’amour

Si tout être aspire à aimer et être aimé, le chemin de l’amour est jalonné d’expériences contrastées : plaisir et déception, ravissement et blessure, éloignement et rapprochement, extase exaltante et dépendance passionnelle. Leur but n’est pas de faire en sorte que quelqu’un surgisse, et nous aime au point de rassasier pour toujours notre désir d’amour. Chacune d’entre elles va plutôt stimuler à nouveau ce désir. Qu’elles soient satisfaisantes ou décevantes, elles doivent nous aider à être amour, à parvenir à la source de l’amour qui jaillit en nous et que personne ne peut nous ravir. Cet amour, niché au tréfonds de notre âme, est plus qu’un sentiment. C’est une certaine qualité de l’être et, en dernière instance, la source divine de l’amour dont parle Jean dans sa première épître : « Dieu est amour, et celui qui demeure dans l'amour demeure en Dieu, et Dieu demeure en lui » (1 Jn 4,16).

Cet amour qui dépasse le sentiment amoureux, Jean le nomme *agapè*. C'est un amour pur, comme une puissance, une force qui nous est offerte, comme une source à laquelle nous pouvons puiser. Il nous est parfois donné de le ressentir au fond de notre âme. Une femme me raconta un jour qu'elle s'était sentie baignée d'un amour profond alors qu'elle se promenait le long d'une plage. Ce n'était pas l'amour d'un homme ni celui d'une femme, c'était l'amour de tout ce qui est. Elle avait eu l'impression en cet instant de n'être tout simplement qu'amour. Elle avait fait l'expérience de ce que saint Jean écrit dans son épître. Cet amour était plus qu'un sentiment. C'était un espace dans lequel elle était entrée et qu'elle avait habité. Mais si elle avait eu accès à cet espace de pur amour, c'est parce qu'elle avait vécu auparavant un amour concret avec un homme. Nous ne pouvons percevoir l'amour pur que si nous partageons l'amour d'un autre être qui nous met en contact avec l'amour divin.

Plus qu'un sentiment

Il y a quelque temps, j'ai discuté à Taïwan avec une nonne bouddhiste et maître zen, de l'expérience de l'espace intérieur que nous faisons dans la méditation. Je lui disais que la prière de Jésus me menait au silence empli d'amour de cet espace intérieur. Elle m'a répondu que, l'espace d'amour étant trop fatigant pour elle, elle préférait l'espace de vide où la conduisait la méditation. Il était évident qu'elle assimilait l'amour au sentiment. Or, nous l'avons dit, l'amour est plus qu'un sentiment, c'est une qualité de l'être. Notre amour humain et fragile peut nous aider à faire l'expérience mystique de cet espace empli d'amour dont parle Jean et qui existe en chacun de nous. Mais il ne suffit pas d'uniquement se délecter de cet amour divin. Il entend s'exprimer dans l'amour pour le prochain. Bien sûr, un appel moralisant tel que « tu dois aimer tes frères et tes sœurs » aurait sans doute peu de sens et ne ferait que nous donner mauvaise conscience. Jean pense à autre chose qu'il justifie ainsi : « Si Dieu nous a ainsi aimés, nous aussi, nous devons nous aimer les uns les autres » (1 Jn 4,11). Mais le verbe « devoir » n'est pas employé ici au sens d'une obligation. Jean veut parler d'une dette : nous sommes redevables et devons répondre à l'amour par l'amour. Et il ajoute : « Dieu, jamais personne ne l'a contemplé ; si nous nous aimons les uns les autres, Dieu demeure en nous, et son amour se trouve accompli en nous » (1 Jn 4,12). Si nous nous aimons les uns les autres, nous ferons l'expérience de Dieu en nous et, dans notre amour humain si fragile et souvent si misérable, nous aurons part à l'amour parfait et accompli de Dieu, qui est en nous, au tréfonds de notre âme.

La source de l'amour

L'amour humain nous conduit à la source de l'amour divin qui, à son tour, nous permet de gérer différemment nos expériences humaines avec l'amour. Je vais vous donner un exemple : supposons qu'une femme tombe amoureuse d'un homme qui ne répond pas à cet amour. Elle en est profondément malheureuse. Mais pour peu qu'elle prenne au sérieux les paroles de Jean, elle se rend compte que l'amour qu'elle ressent dans son état amoureux, c'est également Dieu, et que si elle le ressent, c'est qu'elle est en Dieu. Que l'homme réponde ou non à son amour, elle perçoit Dieu qui est en elle. Être amoureuse la met en contact avec la source de l'amour divin en elle. Elle aimerait bien, évidemment, que l'homme réponde à son amour, mais s'il reste indifférent, elle n'est pas pour autant dépourvue d'amour. Mieux encore : la déception qu'elle éprouve peut être un moyen de se retirer en elle-même, de percevoir la source de l'amour qui s'y trouve et d'en jouir.

Être amoureux me met en contact avec l'amour qui est en moi. Mais ce sentiment que j'éprouve quand je suis amoureux n'est pas l'amour pur. Selon C.G. Jung, des projections sont en jeu dans ce sentiment. Je projette mes désirs dans un autre. Dans la femme dont je suis tombé amoureux, c'est moi-même que j'aime finalement. La femme dont je me suis épris me rappelle en effet ce que j'ai négligé ou ignoré en moi. Il s'agit dès lors pour moi de percevoir plus consciemment et de déployer ce que me rappelle cette femme. Alors seulement, le sentiment amoureux pourra se transformer en véritable amour. Le premier pas que je dois faire, c'est de prendre du recul par rapport à mon état amoureux, afin d'entrer en contact avec le potentiel dans mon âme. Ainsi, je pourrai mieux voir telle qu'elle est la femme dont je suis amoureux. Dans le sentiment amoureux, c'est en fin de compte ma propre image que j'aime dans une autre personne. C'est donc un sentiment qui rend aveugle puisque je vois, non pas la personne comme telle, mais moi-même en elle. C'est en me détachant de cette projection que je deviens capable d'aimer réellement. Ou bien je vais me rendre compte que j'étais seulement aveuglé parce que j'étais amoureux ; ou bien alors, le sentiment que j'éprouvais va se transformer en un amour authentique et durable. Mais, dans les deux cas, le sentiment amoureux va me mettre en contact avec la source de l'amour divin qui est en moi.

Prenons un autre exemple. Une femme a l'impression que l'amour qu'elle ressentait pour son mari s'est éteint, que tout n'est plus que routine. Elle l'avait espéré durable, mais il s'est évaporé.

Elle n'a plus qu'un regret: ce qu'elle avait imaginé n'a pas été comblé. Mais les lamentations restent à la surface des choses. Déplorer la perte d'amour peut nous sensibiliser à la source d'amour qui se trouve en chacun de nous, en deçà du sentiment qui s'est envolé. C'est justement la déception que l'on éprouve qui peut nous ouvrir à cet amour au tréfonds de nous-mêmes, où Dieu habite. Les paroles de Jean n'ont rien d'un rêve romantique. Elles entendent nous indiquer la manière dont nous devons nous y prendre dans nos relations amoureuses, fragiles et toujours limitées. En effet, nous attendons toujours davantage d'un ami, d'un conjoint, d'un collègue, que ce qu'il peut nous donner, et c'est grâce justement au regret de la fragilité de l'amour humain, de ses limites et de sa finitude que nous pouvons atteindre le fond de notre âme et y percevoir la source de l'amour divin qui y bouillonne.

À côté de l'*agapè* dont parle Jean, les Grecs connaissaient encore d'autres formes de l'amour: l'*eros*, le désir, la convoitise qui m'attire vers l'autre, ou encore la *philia*, l'amour amical qui se réjouit de l'ami tel qu'il est. L'*agapè*, le pur amour, est, nous l'avons dit, l'amour divin, plus qu'un sentiment, une force, une qualité de l'existence. L'*agapè* est présente partout, *dans* l'amour érotique et *dans* l'amitié. L'agapè est la source qui irrigue aussi les autres formes de l'amour. Grâce au sentiment amoureux que j'éprouve, à l'amour érotique, à l'amitié, j'accède à la source de l'amour divin. En être conscient m'empêche de trop charger d'attentes mon amour pour un autre. Je peux alors me réjouir de l'amour limité que cet autre peut m'offrir, car je sais que cet amour-là ne saurait combler mon plus profond et ultime désir, qu'il ne doit pas être tout pour moi, mais plutôt me conduire à la source de l'amour qui est en moi. Jean nous dit que l'amour que nous nous prodiguons les uns les autres renvoie à l'amour divin en nous, que cet amour divin accomplit et parfait notre amour humain qui peut ainsi se réaliser pleinement.

Une nouvelle vision de l'amour

Jean a développé une théologie révolutionnaire : l'amour est le lieu où nous pouvons faire l'expérience de Dieu lui-même. Dans tout amour humain, aussi fragile soit-il, nous percevons Dieu. Plus encore : il est en nous. L'amour éphémère nous met en contact avec le Dieu qui demeure en nous.

D'une part, Jean veut nous transmettre ainsi une nouvelle vision de l'amour : elle consiste à nous laisser conduire à la source inépuisable de l'amour divin, qui confère sa dignité à notre amour humain si fragile, au lieu de nous lamenter sur ce qui ne nous comble pas dans nos expériences concrètes.

D'autre part, il nous montre aussi comment notre amour peut réussir. Si, en effet, nous puisons à la source intarissable de l'amour divin, notre peur de voir notre amour s'étioler et s'enfuir le sentiment que nous éprouvons pour l'autre, va disparaître. Notre amour humain a beau être fragile, la source divine ne s'assèche jamais et celui qui s'y abreuve avec reconnaissance sera capable d'aimer à nouveau. L'amour pour le partenaire lui semblera plus facile, car il n'attendra pas de lui un amour absolu. Les limites de l'amour humain nous renvoient au tréfonds de notre âme ; nous n'attendons pas de l'autre qu'il comble tous nos désirs, mais qu'il éveille en nous le désir de la source de l'amour divin, qui n'est autre que Dieu.

Entrer en contact avec la source

L'amour semble souvent être en nous comme une source qui s'épuise. Il y a pourtant des possibilités d'entrer en contact avec elle, de la faire remonter en nous jusqu'à pénétrer notre conscience, nos paroles, nos pensées et nos actes. Pour y avoir accès, il faut passer par l'expérience concrète de l'amour humain. Si nous aimons parfois ce frère renfermé, cette sœur difficile, ce compagnon désagréable, c'est alors que nous avons accès à la source divine. Et nous y parvenons grâce à nos expériences quotidiennes de l'amour que nous portons et qui nous est donné. L'amour concupiscent, qui nous rend dépendants de l'autre, qui nous envahit de désirs sexuels et érotiques, peut nous conduire également à la source de l'amour divin.

On y parvient aussi grâce à la nature. Les Indiens du Pérou, par exemple, sont convaincus que l'amour de Dieu peut se déverser sur nous au travers d'un arbre. Certaines personnes en font l'expérience: allongés dans l'herbe, elles sentent l'amour de Dieu dans les fleurs champêtres, dans le doux murmure du vent ou dans la chaleur des rayons du soleil.

Les paroles de la Bible sont aussi une manière d'accéder à la source de l'amour divin au tréfonds de notre âme. Elles nous touchent parfois si particulièrement qu'elles éveillent l'amour qui y sommeille. « Parce que tu as du prix à mes yeux, que tu as de la valeur, et que moi je t'aime, je donne des hommes à ta place et des peuples en échange de ta vie » (Is 43,4). Ces mots font pénétrer la source de l'amour dans notre conscience. De toute évidence, Jésus s'est adressé aux hommes d'une manière qui leur permettait d'entrer en contact avec l'amour déjà présent en eux depuis toujours. Cela apparaît clairement en lisant Jean: « Je vous ai dit cela pour que la joie, la mienne, soit en vous et que votre joie trouve sa plénitude » (Jn 15,11). Souvent, cette source menace de s'assécher car nous la recouvrons de tant d'autres choses, nos soucis et nos peurs, tout ce qui fait notre quotidien superficiel. Mais si les paroles de Jésus nous atteignent, elles vont réalimenter la source qui sourd en notre âme, jusqu'à transformer et emplir d'amour nos pensées et nos sentiments.

DÉCOUVRIR EN NOUS LE POTENTIEL SPIRITUEL

Pour que réussisse notre amour humain, il nous faut faire des expériences spirituelles de l'amour. Car si l'on attend tout de l'amour d'un être humain, nos désirs ne seront jamais assouvis. Nous serons insatisfaits, malheureux et insatiables. Nous reprocherons à notre partenaire de moins nous aimer, de ne plus ressentir son amour. Et plus nous lui ferons de reproches, moins effectivement il ressentira d'amour en lui. Les reproches ne réveillent pas l'amour. Au contraire, ils l'éteignent. Il s'agit d'être d'accord sur le fait que l'amour que l'on donne et celui que l'on reçoit ne peuvent être parfaits. Déplorer cette imperfection me mène au tréfonds de mon âme, où je découvre le grand potentiel d'amour que Dieu m'a offert, et je peux soudain déceler les côtés positifs de l'amour : soyons honnêtes l'un envers l'autre, respectons-nous, appuyons-nous l'un sur l'autre, soyons-nous fidèles sont autant d'expressions de notre amour que nous ne pouvons pas toujours traduire en sentiments, car les sentiments vont et viennent. Mais l'amour qui existe au-delà des sentiments, l'amour divin, la source qui abreuve notre amour humain, Paul le dit, cet amour-là « ne passe jamais » (1 Co 13,8).

La relation et l'espace intime du silence

Que faut-il entendre par spiritualité ?

Il y a quelques années, j'ai été invité par la Caritas à faire, pour les conseillers conjugaux, un séminaire sur le thème « La spiritualité et le conseil conjugal ». Je me suis tout d'abord heurté au scepticisme des psychologues présents qui subodoraient une influence démesurée de l'Église sur leur travail et voyaient, dans le sujet même choisi pour le séminaire, un reproche subliminal de ce qu'ils introduisaient trop de psychologie et pas assez de spiritualité dans leurs conseils. Mais lorsque je leur ai expliqué ce que j'entendais par spiritualité, je les ai sentis très à l'affût et vivement intéressés. Le recours à la spiritualité dans le conseil conjugal – ou, vu du côté du couple, dans les conflits conjugaux – ne signifie pas que les partenaires doivent prier davantage, ou demander à Dieu de régler les problèmes à leur place – ce qui serait les masquer de manière illusoire. Pour moi, spiritualité veut dire bien autre chose : que par la prière et la méditation, chaque partenaire se retire dans l'espace intime du silence, au fond de lui, où Dieu habite. Dans cet espace, où réside le Royaume de Dieu, nous sommes libres de la puissance des hommes, libres de leurs appréciations et de leurs jugements, de leurs attentes et de leurs reproches. Nous sommes indemnes et entiers. En cet espace de silence, nul ne peut nous atteindre ni nous blesser. Nous sommes dans notre état originel et authentique. Nous ne nous laissons pas définir par les images que notre partenaire nous colle. Nous sentons l'image originelle de Dieu en nous. Là où Dieu réside en nous, nous sommes purs et limpides. C'est là que se trouve le noyau le plus intime en nous, exempt de toute culpabilité et de toute faute. Même si dans notre vie en couple nous avons fait des erreurs, même si nous nous sommes rendus coupables envers nous-mêmes et envers l'autre, il y a un noyau en nous, sain et pur, qui nous permet de maintenir notre propre identité.

Se sentir indemne

De nombreux couples se sont blessés mutuellement avec de continuels reproches. Cela ne sert à rien alors de s'obstiner à parler et de chercher à se comprendre. Ce qui est plus utile, c'est que chacun des conjoints se retire dans cet espace intérieur où il est encore indemne et entier, où les blessures ne peuvent l'atteindre, et où il peut entrer en contact avec lui-même. Après avoir eu accès à ce noyau de pureté, il pourra se tourner vers l'autre, sera moins susceptible et considérera plutôt les paroles blessantes qu'il entend comme l'expression des propres blessures du partenaire et ne réagira pas immédiatement en lui adressant des reproches. Si je me sens moi-même, si je suis en contact avec mon espace intime du silence, je vais pouvoir aborder avec plus de détachement intérieur ma relation avec mon partenaire et saurai quoi faire en cas de récidive : ou bien me retirer dans mon espace intime de silence, ou bien considérer que j'ai la force, à ce moment, de clarifier la situation avec le partenaire.

Il n'est pas rare, dans les couples, que les partenaires se rejettent mutuellement la faute. Cette mise en accusation va souvent toucher l'autre en sa structure psychologique imprégnée depuis l'enfance par des sentiments de culpabilité : telle fille qui entendait sa mère lui dire que si elle n'avait pas été enceinte d'elle, elle n'aurait jamais épousé son mari, s'est vue ainsi chargée du poids des difficultés au sein du couple de ses parents ; tel fils, qui ne cessait de s'entendre dire par ses parents que sa mère souffrait de syncopes depuis qu'il était né, se sentait responsable des malaises de sa mère. Les êtres qui sont confrontés à de telles situations ont tendance à se tenir pour responsables de tout. Pour peu que le partenaire porte une accusation, le vieux sentiment de culpabilité se réveille et prend le dessus. On se sent tout simplement responsable et on ne peut ni lutter ni se défendre. Ce sentiment de culpabilité ronge celui de la propre valeur. On a l'impression d'être insignifiant, indigne – coupable justement. Et l'expérience de l'espace intime, où l'on est pur et limpide, innocent et sans tache, *sancti et immaculati* comme on peut lire dans l'Épître aux Ephésiens, « saints et sans reproches » (Eph 1,4), est alors salutaire. Ce noyau intime, immaculé, mon véritable Moi d'où toute culpabilité est absente, est la condition nécessaire à la sauvegarde de mon identité au sein du couple.

Le mauvais usage de la spiritualité

Le recours à la spiritualité ne signifie donc pas que je contourne les conflits en fuyant dans l'espace intime du silence. Cet espace doit seulement m'aider à relativiser les problèmes et à les voir sous un juste regard. Une femme me disait un jour de son mari que, quand elle était en conflit avec lui, il réagissait toujours en allant méditer à la cave. Ce qui augmentait encore sa colère, car de cette manière, il lui disait : « C'est *toi* qui as des problèmes, pas *moi*. Je suis tout à fait en équilibre avec moi-même, je résous le problème en méditant. » Cet homme ne remarquait même pas qu'en agissant ainsi, il se soustrayait au conflit et se situait au-dessus de sa femme par la méditation, ne lui laissant aucune chance de pouvoir exprimer sa colère et sa déception. Il pensait d'elle qu'elle réagissait de façon immature et que tout devait trouver sa solution par le recours à la spiritualité. Cette position idéologique masquait toutefois son refus de faire face à sa condition humaine et, en fin de compte, il ne faisait rien d'autre que culpabiliser sa femme de ne pas avoir assez recours à la spiritualité. Se comporter ainsi, c'est faire mauvais usage de la spiritualité dans la relation conjugale ou amicale. Nous ne pouvons que difficilement nous défendre contre des sentiments de culpabilité, car aucun de nous n'est totalement innocent.

La spiritualité est certes censée me rendre plus indépendant des autres en me mettant en contact avec moi-même, avec l'espace intime du silence. Il ne s'agit pas cependant de me placer de la sorte *au-dessus* des autres, mais plutôt de faire face au conflit qui a surgi, même si c'est avec une certaine distance. Je me libère de la pression de devoir tout discuter et j'écoute mon sentiment : dois-je faire face aux reproches que m'adresse mon partenaire ou dois-je les considérer simplement comme l'expression d'une insatisfaction passagère de sa part ? La spiritualité me permet de prendre le recul nécessaire pour parler concrètement de ce qui m'a offensé. Je ne rejette pas alors la blessure, je la perçois et, en dialoguant avec mon ou ma partenaire, je peux expliquer ce qui m'a atteint. Je prends conscience de ce que d'anciennes blessures ont peut-être été réveillées, ou de ce que l'offense présente n'est que l'expression de l'impuissance du conjoint, ou encore une réaction de sa part à ses propres blessures de l'enfance. Sur une telle base, il m'est possible d'expliquer et de discuter sans me sentir constamment attaqué et sans devoir me justifier ou me défendre en permanence.

Plus loin encore dans le tréfonds de l'âme

La spiritualité dans la relation humaine ne signifie pas que je dois toujours me soustraire à l'autre. Je fais face à mes sentiments et à mes besoins et je me les avoue. J'ai besoin d'être reconnu, respecté et aimé. C'est ce qu'on appelle être « humble », au sens spirituel du terme. L'humilité consiste à avoir le courage de reconnaître sa propre condition humaine et ses besoins. Selon Richard Stiegler, la tâche spirituelle consisterait précisément à abandonner l'idée selon laquelle « les besoins doivent être assouvis pour accéder à un sentiment de plénitude ». Je dois d'abord m'avouer à moi-même mes propres besoins et limites pour pouvoir aller plus profondément en mon âme qui ne connaît ni manque ni inassouvissement. Mais atteindre cet espace au fond de moi, où je suis pur, entier, comblé et en paix, est un cheminement qui passe par le manque et la souffrance. D'aucuns préfèrent ignorer leurs besoins, faisant, comme disent les Américains, un *spiritual bypassing*, un évitement spirituel, en éludant leurs problèmes, leurs douleurs et leurs manques intérieurs, pour atteindre immédiatement l'espace intérieur. Mais l'acceptation de la propre réalité est le chemin obligé pour atteindre le tréfonds de l'âme.

Les rituels de réconciliation

La dimension spirituelle dans la relation s'exprime aussi par des rituels, qu'un couple peut accomplir d'un commun accord. Un Notre Père, par exemple, récité chaque soir par les deux conjoints. Dire soi-même et entendre de l'autre ces paroles : « Pardonne-nous nos offenses comme nous pardonnons aussi à ceux qui nous ont offensés » peut apaiser une atmosphère électrique. Nul besoin de parlementer encore sur les conflits de la journée. Vouloir à tout prix s'expliquer sur tout, c'est trop exiger d'un couple qui finit alors souvent par baisser les bras. Mais la récitation commune d'un Notre Père ouvre au pardon. Même si les partenaires ne sont peut-être pas en mesure de dire expressément « je te pardonne », le pardon intervient dans la prière commune.

Un couple ne peut durablement vivre ensemble que si les deux partenaires sont prêts à se pardonner mutuellement. Se faire des reproches en permanence, rejeter la responsabilité sur l'autre ne mène à rien. Mais le pardon doit être articulé de manière ajustée. Un couple me raconta un jour qu'au milieu d'une dispute, la femme invectivait son mari : « *Tu dois* me pardonner au nom de Jésus », ce qui n'avait pour effet qu'augmenter la colère du mari. Et plus il était en colère, moins il avait envie de pardonner. D'autres conjoints ont mis au point un rituel bien plus judicieux : lorsqu'une discussion entre eux échoue ou qu'un malentendu surgit au point de plomber l'atmosphère au foyer, tous deux savent qu'il est inutile de débattre immédiatement du problème, alors que la blessure est encore ouverte. Que cela ne servirait qu'à enfoncer le clou. Ils sont donc convenus que celui qui veut voir changer la situation doit allumer le cierge de leur mariage, signalant ainsi au partenaire sa disponibilité à la réconciliation et à l'explication. C'est une manière de ne pas se sentir acculé : si la lumière du cierge a chassé son ressentiment, il est à même de parler avec son conjoint. Ils ne vont pas refaire la chronologie du malentendu, mais relativiser plutôt leur dispute, tous deux disposés à réfléchir, autour de la lumière de leur union, à ce que celle-ci leur apporte. Et ils peuvent à nouveau dialoguer raisonnablement.

Des thérapeutes spécialistes du couple ont mis au point des rituels de réconciliation. Un bon moyen d'enterrer un conflit est, par exemple, que les deux partenaires renoncent à avoir recours à d'anciennes blessures pour s'en faire le reproche, ou à les utiliser comme prétexte pour se fermer à l'autre. Mais de simples rituels quotidiens peuvent également aider les couples à approfondir leur relation. Se rendre ensemble à l'église le dimanche, afin de confier sa vie à Dieu peut avoir le même effet que certains rituels du matin ou du soir. Le matin, le geste salutaire de bénir la famille et les pièces de l'appartement me fait voir mon partenaire sous un autre jour. Il n'est plus celui qui m'a blessé, mais celui qui se trouve sous la bénédiction de Dieu. Et il ne règne plus alors au salon l'atmosphère tendue de la veille quand la discussion ne prenait pas un bon cours. Je pénètre maintenant dans un espace béni et vois d'un autre œil cet espace que nous partageons. Nous ne sommes pas seuls avec nos états d'âme, lorsque nous avons des hauts et des bas. La bénédiction de Dieu qui emplit notre appartement nous rend possible un vivre ensemble différent. Nous ne devons pas tout faire tout seul pour que notre cohabitation réussisse. Notre parcours commun est sous la bénédiction divine et nous avons conscience que c'est le bon chemin.

La prière commune du Notre Père, qui purifie notre âme des conflits passés et de l'échange acerbe de mots, est aussi, nous l'avons dit, un bon rituel avant la nuit. Mais la journée peut également s'achever de la manière suivante : nous ouvrons les mains et offrons notre journée à Dieu simplement, telle qu'elle s'est déroulée, en lui en confiant le jugement. Nous ne nous justifions pas, nous ne nous accusons pas. Nous la lui abandonnons. Mais je peux également croiser les bras sur ma poitrine, un geste que chacun peut effectuer pour lui seul. Je sens alors que je ne suis pas seulement le mari ou la femme de l'autre, mais que je peux être moi-même et qu'il y a en moi cet espace intime du silence, où Dieu habite en moi, là où il n'est ni souci, ni problème, ni conflit, ni blessure. Dans cet espace, chacun entre en contact avec l'image originelle que Dieu s'est faite de lui, éprouve une liberté intérieure, se réjouit de la relation, mais sent également qu'il n'existe pas seulement à travers cette relation, mais à travers son propre noyau, qu'il vit sa propre vie et que celle-ci est unique. Croiser les bras sur sa poitrine, c'est aussi s'enlacer soi-même. Au lieu de me plaindre de ce que je ne reçois pas assez d'amour de mon partenaire, je m'enlace. J'enlace tous les contraires qui sont en moi : ce qu'il y a de fort et de faible, de sain et de malsain, ce qui est aimé et ce qui ne l'est pas, ce qui est intact et ce qui est blessé, la plénitude et le manque. Ce geste m'apaise et je me sens enlacé avec amour par Dieu lui-même.

Sexualité et spiritualité

Les courants contraires

La sexualité a toujours joué un rôle important dans l'histoire de la spiritualité. Deux courants contraires sont au cœur de toutes les religions. L'un diabolise la sexualité: ennemie de la spiritualité, elle détournerait notre esprit de Dieu. Nous devons donc ou bien la réprimer, ou bien la refréner de telle sorte qu'elle n'entrave en rien notre relation à Dieu. L'autre – le tantrisme dans l'hindouisme, la mystique dans la religion chrétienne – voit dans la sexualité une source de la spiritualité. La sexualité vise l'extase. Et l'extase proprement dite à laquelle aspire l'être humain, c'est l'extase en Dieu. Les mystiques, et plus précisément les femmes, ont souvent décrit dans un langage érotique leurs expériences extatiques et leur union à Dieu, intégrant ainsi la sexualité à leur relation avec Dieu. D'un point de vue psychologique, on pourrait dire qu'elles l'ont élevée à un degré supérieur, qu'elles l'ont sublimée.

Le potentiel de transcendance

J'aimerais surtout me pencher sur ce second courant et voir comment et jusqu'à quel point il peut nous aider à concrètement vivre la sexualité de telle sorte qu'elle intensifie notre relation à autrui et à Dieu. Hans Jellouschek, théologien et psychologue spécialiste du couple, voit dans la sexualité un potentiel de transcendance. Lorsque deux êtres font l'amour, ce potentiel n'est pas durablement rassasié, mais chaque fois réveillé. La sexualité vécue renvoie au-delà d'elle-même. Ce renvoi ne constitue pas un frein, mais une valorisation de la sexualité. Le problème, c'est que les couples sont nombreux à penser que la sexualité est le seul lieu où ils peuvent se transcender, et attendent trop d'elle. Mais ils en restent à une transcendance qui ne va pas plus loin, qui ne va pas jusqu'à Dieu. Qui comprend ainsi la sexualité se polarise sur elle et en attend d'être entraîné au-delà de lui-même. Dans son ouvrage *Eros, Kosmos, Logos*, Ken Wilber affirme que si le XIXe siècle avait placé la sexualité au centre de l'intérêt humain, c'est parce qu'on avait perdu le sens de la transcendance. Et puisque le sens du mystère de Dieu avait disparu, la sexualité devenait le seul mystère de l'homme, et le centre de toutes ses préoccupations. Wilber écrit : « La sexualité reçut [à cette époque] une aura quasiment mystique, on lui accorda une importance, une puissance et une autorité bien au-delà de ce qu'on peut tirer de la libido comme telle. » Faire de la sexualité un *ersatz* de la religion, c'est trop lui demander. C'est se libérer des entraves d'une morale rigide pour se retrouver dans celles de la sexualité, dont on attend un bonheur qu'elle ne peut donner à la mesure de nos rêves.

Si nous avons conscience de l'ouverture de la sexualité à la transcendance, nous pouvons alors la vivre sans tomber dans l'excès. Je vois souvent des couples qui se compliquent la vie parce qu'ils n'arrivent pas à se sortir de leurs besoins sexuels – qui peuvent être différents entre l'homme et la femme. Un homme peut reprocher constamment à sa femme de se refuser à lui et de ne pas être sensible à ses besoins. La femme, elle, se sent souvent harcelée. Et plus elle est harcelée, plus elle se protège en se refusant. Ce n'est qu'à condition que la sexualité n'occupe pas de monopole qu'elle peut être vécue de manière bénéfique par l'homme et par la femme, et les conduire à faire chaque fois des expériences qui les comblent l'un et l'autre. L'homme et la femme se sentent véritablement unis si leur sexualité est réussie, car ils prennent conscience d'une dimension d'harmonie, d'oubli de soi, d'abnégation, qui rassasie pour un moment leur désir de plénitude et de bonheur.

On ne peut néanmoins pas satisfaire le désir une fois pour toutes. Chaque expérience sexuelle le réveille. Je ne peux vivre de manière adéquate cette nostalgie que si elle ne porte pas exclusivement sur la sexualité et si je la dirige au-delà, sur la réalité transcendante de Dieu, laquelle, seule, peut durablement combler ce désir d'extase. C'est d'ailleurs cela que veut signifier la tradition spirituelle lorsqu'elle parle d'amour chaste, de sexualité chaste.

Le plaisir et l'ascèse

Les philosophes grecs voyaient dans le plaisir la force motrice de l'action, mais ils y discernaient aussi un danger de domination sur l'homme. Ils encourageaient donc à d'autres formes de plaisir, plus liés à l'esprit et la raison. L'Église primitive accordait au plaisir une valeur plutôt négative. Augustin notamment y voyait le signe de l'homme déchu et lui opposait la félicité du chrétien sauvé par le Christ. Face à ce point de vue plutôt pessimiste, Thomas d'Aquin, théologien du Moyen Âge, a fait des énoncés théologiques très positifs sur le plaisir qui, pour lui, est un bien créé par Dieu et qui tend naturellement à se réaliser. Toute joie véritable ne peut provenir que d'un bien. Il distingue les plaisirs sensibles ou corporels des plaisirs intellectuels ou spirituels, mais ne les sépare pas. À tous deux il accorde la même importance:

« Le plaisir des sens est un bien pour l'homme. » À ses yeux, le plaisir corporel est, lui aussi, un bien « suprême ». Le corps participe de la volupté de l'âme en Dieu. L'âme et le corps dépendent si étroitement l'une de l'autre, que « le corps participe, dans un certain sens, de la béatitude et peut être aimé d'un amour désintéressé ». Pour Thomas d'Aquin, le plaisir sexuel est donc également une partie de la félicité en Dieu. Et Jésus, qui a revêtu la totalité de la nature humaine, a dû éprouver un plaisir plus intense encore que le nôtre puisque « le plaisir est d'autant plus grand que la nature est pure et le corps sensible ». Le plaisir en Dieu croît à la mesure de ce qu'il est également ressenti par le corps. Pour s'accomplir totalement, le plaisir purement spirituel requiert le plaisir du corps.

Dans le domaine de la psychologie, c'est Sigmund Freud surtout qui s'est intéressé au sujet sur un plan anthropologique. L'aspiration au plaisir est centrale pour lui : l'homme tend de toutes ses forces vers le plaisir et cherche à éviter le déplaisir en toutes circonstances. Il n'est toutefois pas de plaisir permanent et, dans sa quête, l'homme doit donc se réconcilier avec la réalité. Il ne peut le faire qu'en s'interdisant ponctuellement le plaisir. Freud reprend ici le vieux concept grec d'ascèse. Il pense que celui qui incline à immédiatement céder à ses désirs et les satisfaire ne va pas développer un Moi fort. L'ascèse, c'est-à-dire le renoncement momentané au plaisir, ne doit cependant pas conduire à la diabolisation de ce dernier, mais le cultiver pour en faire une expérience personnelle.

Dans l'histoire de la spiritualité chrétienne, les tendances ont été nombreuses à considérer négativement le plaisir. Les écoles spirituelles n'ont pas toutes suivi le point de vue optimiste de Thomas d'Aquin. Il serait donc bon aujourd'hui de réfléchir à nouveau sur le thème du plaisir et de l'ascèse. Cette dernière n'a pas pour objectif d'étouffer les sentiments, ce qui aurait pour effet d'ôter toute motivation à l'homme. L'ascèse participe également du plaisir. Je vais ressentir le plaisir du corps plus intensément si j'ai envie de prendre moi-même ma vie en main et de la façonner.

Friedrich Nietzsche s'indignait contre un christianisme ennemi du plaisir. Son père, un pasteur protestant, lui avait inculqué une vision restrictive du christianisme qui dépouille l'homme de la joie que procure le plaisir et ne voit partout que le péché. Cette indignation reflète donc la nostalgie profonde de Nietzsche d'une religion vivante, d'un plaisir qui imprègne aussi la relation à Dieu. De ce plaisir auquel il aspire et que sa maladie l'empêche de vivre suffisamment, il dit : « Tout plaisir veut l'éternité. Veut la profonde, profonde éternité. » Par plaisir, Nietzsche entend non pas le simple plaisir éphémère, mais une expérience vécue qui pénètre le corps tout entier, qui fait vibrer l'homme dans son corps et dans son âme et le bouleverse au plus profond de lui-même. Ce plaisir a un peu du goût de l'éternité, et finalement, un peu du goût de Dieu. Celui qui vit le plaisir avec tous ses sens entrevoit une lueur de ce Dieu éternel qui seul peut combler notre nostalgie la plus intime de plaisir.

L'ÉROTISME ET LA SEXUALITÉ

Les deux termes « érotisme » et « sexualité » ont été souvent confondus dans la tradition chrétienne, et présentés comme opposés à l'*agapè*, le pur amour, l'amour divin. Le théologien protestant Anders Nygren, par exemple, a compris l'érotisme comme l'alternative irréductible à l'*agapè*. L'amour chrétien, l'*agapè*, est pour lui un amour bienveillant tourné vers des personnes en situation d'infériorité, tandis que l'amour érotique présuppose des personnes de même sensibilité. Mais Thomas d'Aquin déjà, s'il les avait distinguées, n'avait pas séparé ces deux formes. De par leur origine, érotisme et sexualité ne doivent pas être confondus. L'érotisme humanise la sexualité et lui confère une dimension spirituelle et sensuelle. Pour Platon, il donne des ailes à l'âme. L'érotisme est une force qui nous anime et nous motive, non seulement à nous réaliser en tant qu'hommes, mais aussi à nous dépasser pour aller vers Dieu. Aristote, autre grand philosophe grec, le définit comme la force cosmique qui unit en l'homme tous ses contraires et surmonte dans la volupté toutes les différences entre les hommes et en l'homme. C'est la force qui nous pousse à combler nos propres besoins et nos manques et, ainsi, à atteindre notre plénitude.

L'Ancien Testament regorge d'histoires érotiques : Adam et Ève chassés du paradis, l'amour entre Jacob et ses deux femmes Léa et Rachel. Dans le Cantique des Cantiques, l'amour érotique entre l'homme et la femme est célébré en images merveilleuses. Le Nouveau Testament le reprend lorsque Jean, dans son récit sur la rencontre entre Marie de Magdala et Jésus, hisse pour ainsi dire le troisième chapitre du Cantique à un autre niveau : pour Jean, l'histoire de la résurrection est une histoire érotique, celle de la victoire de l'amour sur la mort. La tradition chrétienne, depuis Augustin surtout, a taxé l'érotisme de narcissisme, de désir vicieux du purement charnel. Mais la mystique a toujours insisté sur la dimension érotique dans la spiritualité chrétienne. Il serait à coup sûr important aujourd'hui d'associer à nouveau l'érotisme et la spiritualité au lieu de les opposer. Bernhard Stoeckle, bénédictin et théologien moraliste, justifie ainsi cette approche : « Le croyant ne peut vivre en accord avec son Dieu s'il ne sait pas honorer tous ses bienfaits. L'érotisme est assurément un cadeau qui en fait partie. »

LE TANTRISME ET LA MYSTIQUE

Le tantrisme, une vision hindouiste du monde, dans laquelle il s'agit de dépasser la dualité pour faire l'expérience de l'unité, a développé des techniques qui aiguisent la sexualité sans la laisser s'épanouir totalement. On l'a pour ainsi dire affinée et cultivée, afin qu'elle se libère de toute concupiscence et soit l'expression pure de l'amour, qu'elle devienne le symbole de l'unité à laquelle on aspire. Le christianisme n'a pas développé de telles techniques. Certes, la mystique connaissait la dimension spirituelle de la sexualité et a décrit les expériences d'union en Dieu dans un langage érotique. Ainsi, Mathilde de Magdebourg (1208-1282) parle de la couche d'amour courtois que Dieu prépare à l'âme, et qualifie de « doux enlacement », ou encore de « baiser de l'esprit » l'union de l'être à Dieu. La mystique néerlandaise Edwige d'Anvers (1230-1260) décrit son union avec le Christ comme l'union d'un homme et d'une femme dans l'acte sexuel : « Il m'a prise dans ses bras, m'a serrée contre lui. J'ai senti dans tous mes membres la volupté de son corps répondre au désir humain de mon cœur. »

L'expérience mystique est de toute évidence une expérience érotique. Mais la littérature mystique ne livre aucune information concrète sur la manière dont la sexualité se transforme en spiritualité, ou dont les deux peuvent être liées. Une des tâches importantes de la spiritualité aujourd'hui serait de montrer comment pouvoir concrètement libérer la sexualité de la concupiscence et de l'érotomanie, la dimension purement instinctuelle, pour qu'elle puisse devenir l'expression humaine de l'amour. Ce cheminement ne passe pas par la négation, encore moins par une diabolisation de la sexualité. Celle-ci doit être acceptée comme un don de Dieu. Mais il s'agit aussi de faire preuve de réalisme, afin de prendre conscience de sa fragilité. Une sexualité réussie ne va pas de soi. Dans ce domaine précisément, les blessures abondent et je ne parle pas seulement de l'abus sexuel dans l'enfance, qui constitue l'une des plus profondes qu'un être peut endurer. Dans la sexualité vécue entre un homme et une femme, dans le mariage ou l'amitié, les blessures ne manquent pas non plus. Elle implique un rapprochement tel avec l'autre que toute barrière s'effondre. Mais si je me comporte de façon brutale, avec concupiscence ou comme un obsédé qui ne suit que son instinct, si je ne respecte pas l'autre en tant que personne, je le blesse. Une sexualité réussie suppose l'amour, la tendresse, l'attention et le respect du mystère de l'autre. Et il faut cultiver un érotisme qui favorise le rapprochement tendre de deux êtres, laisse entrevoir la proximité érotique de Dieu lui-même et s'ouvre à son amour insondable.

LE MYSTÈRE DE L'AUTRE

Tous les comportements que j'ai mentionnés dans le contexte de la sexualité sont, en fin de compte, des comportements spirituels : l'amour est le but de toute spiritualité. Tous les auteurs spirituels, qu'ils soient chrétiens, bouddhistes ou hindouistes, parlent d'attention et de respect. Au premier chef, c'est Dieu que nous respectons. Mais il est indispensable, précisément dans la sexualité, de respecter le mystère de l'autre.

On trouve ces mots chez Aphra Behn, une dramaturge anglaise du XVIIe siècle : « L'amour cesse d'être un plaisir lorsqu'il cesse d'être un secret. » Si, dans la relation sexuelle, j'oublie le mystère de l'autre, elle se réduit alors à un exercice de gymnastique. Le don de soi ne réussit vraiment que si je respecte le partenaire, si je prends en compte son mystère, ce qui est finalement l'expression d'une profonde spiritualité. La sexualité en soi a donc besoin de spiritualité pour être un plaisir de longue durée et pas seulement la production ennuyeuse d'orgasmes. La dimension spirituelle de la sexualité consiste en ce que j'aie toujours en tête que le don de moi-même à l'autre est un don à la vie et, en fin de compte, à l'amour. Je me donne à cet être concret, je ne fais qu'un avec lui. Mais en m'unissant à lui, je m'unis simultanément avec le fond de tout être, le fond de tout amour. On peut lire sous la plume du philosophe juif Walter Schubart : « Tout acte d'amour… est un élan vers la perfection, un prélude à la fusion de Dieu et du monde. » Précisément cette ouverture de la sexualité à la dimension mystique de l'union en Dieu est ce qui confère à l'acte sexuel son aura de mystère. Et de cette manière seulement, il garde le mystère auquel ne cesse d'aspirer chaque être humain. Que le mystère disparaisse et la sexualité risque de devenir bien monotone.

Le théologien juif américain Shmuley Boteach est l'auteur d'un ouvrage sur le « sexe casher » dans lequel il dit des choses à peu près similaires et souligne moins l'orgasme qu'une sexualité qui crée le rapprochement de deux êtres et une intimité chargée d'émotions – ce qui, pour lui, constitue une qualité spirituelle. À la dignité de l'homme ne correspond finalement qu'une sexualité porteuse de cette qualité spirituelle qui fait s'unir deux êtres dans leur entièreté, corps et âme, avec leurs émotions, leur cœur, leur nostalgie spirituelle. En se rencontrant de la sorte, ils s'ouvrent à Dieu, fusionnent l'un avec l'autre et avec Dieu. L'Ancien Testament a encore très clairement conscience de la dimension spirituelle de l'amour sexuel, en assimilant l'union sexuelle de l'homme et de la femme à une connaissance réciproque. Plus que la seule satisfaction des sens, la sexualité est la forme suprême de la connaissance. D'après une formulation de Herbert Haag, professeur de théologie et spécialiste de l'Ancien Testament, cette connaissance est « la découverte du partenaire en tant qu'homme ou en tant que femme. Dans le don de soi réciproque, ils s'ouvrent et se dévoilent à l'autre, chacun apprenant ainsi à connaître l'unicité de l'autre dans l'intimité la plus profonde de son être. » Lorsque l'homme reconnaît sa femme dans l'acte sexuel, il perce pour un instant son mystère et l'approche non pas seulement charnellement, mais aussi psychiquement et spirituellement. Il reconnaît son être à elle et, en même temps, se reconnaît mieux lui-même. Pour l'Ancien Testament, la sexualité a donc affaire avec la connaissance, la connaissance du mystère de l'homme et de la femme. La morale chrétienne, qui s'est polarisée surtout sur le péché dans la sexualité, nous a fait perdre de vue cette notion de connaissance.

Les images mythiques

Il est dit dans la Genèse : « C'est pourquoi l'homme quitte son père et sa mère et s'attache à sa femme, et ils deviennent *une seule* chair » (Gen 2,24). La fascination de ne faire qu'une seule chair avec la femme est si grande que l'homme relègue au second plan sa relation à son père et sa mère, et s'en libère. Dans ce comportement, le livre de la Genèse voit une disposition venant de Dieu, qui a créé l'être humain comme homme et comme femme. Le second récit de la Création décrit comment Dieu façonne Ève à partir d'une côte d'Adam. Lorsqu'il conduit Ève à Adam, celui-ci jubile : « Celle-ci, cette fois, est l'os de mes os et la chair de ma chair ; celle-ci sera appelée femme (*ishah*), car c'est d'un homme (*ish*) qu'elle a été prise, celle-ci ! ». De par leur essence même, tous deux sont donc référés l'un à l'autre. L'Ancien Testament exprime cette appartenance par l'utilisation d'un nom qui dérive de la même racine, et par la création de la femme à partir d'une côte tirée de l'homme. Parce que tous deux s'appartiennent au plus intime de leur être, ils tendent à s'unir à nouveau pour ne faire qu'une seule chair. Dans leur union, l'unité originelle de Dieu et de l'homme est rétablie.

Par cette image, la Bible fait écho au mythe grec que nous a livré le philosophe Platon : à l'origine, les hommes avaient la forme d'une boule que les dieux ont scindée en deux par jalousie. Depuis lors, chaque moitié erre à la recherche de l'autre. C'est cette nostalgie de l'entièreté qui est la motivation la plus secrète de l'amour sexuel. Seul, l'homme se sent incomplet, la femme pareillement. Celui qui, tel le moine, renonce à avoir une relation sexuelle avec une femme ne peut faire cette expérience de complétude que s'il réalise en lui-même cette union de l'homme et de la femme. Les Grecs parlent d'êtres androgynes, alliant en eux à la fois l'homme et la femme. Et Denys l'Aréopagite explique que le mot « moine », « monachos », dérive du terme « monas », qui signifie « unité », « être un ». Le moine est donc celui qui réalise en lui cette union originelle qu'évoque le mythe grec et qui résonne aussi dans la conception spirituelle du monachisme, selon laquelle l'homme ne devient entier, complet que lorsqu'il ne fait qu'un avec la femme. S'il ne veut s'unir à elle sexuellement, il doit pour le moins allier en lui l'*animus* et l'*anima*, l'homme et la femme.

La sexualité et la spiritualité dans le Nouveau Testament

Bien des gens pensent que le Nouveau Testament n'est pas d'une grande aide en ce qui concerne la relation entre sexualité et spiritualité. Et pourtant, si, dans le contexte de cette tension entre les deux, nous lisons les épîtres de saint Paul et l'Évangile de Jean, nous découvrons d'étonnants énoncés. Dans l'Évangile de Jean, Jésus utilise souvent le terme « demeurer » (*menein*) : « Celui qui demeure en moi et moi en lui, celui-là porte beaucoup de fruit ; car hors de moi vous ne pouvez rien faire » (Jn 15,5), et il nous encourage : « Demeurez dans l'amour, le mien » (Jn 15,9). Lorsque deux êtres s'aiment, ils parlent aussi de ce que l'un habite, demeure dans le cœur de l'autre, et ils atteignent dans l'acte sexuel le point culminant de cette « demeure » dans l'autre, lorsque le pénis de l'homme pénètre dans le vagin de la femme, son domaine le plus intime. Les mots de Jésus sont teintés d'érotisme. Ils s'appuient sur l'expérience érotique pour illustrer l'objectif de la foi : demeurer en l'amour de Jésus, dans la partie la plus intime de son cœur.

On a souvent reproché à Paul une attitude ambivalente par rapport à la sexualité. Mais si nous lisons ses paroles sans perdre de vue l'environnement corinthien, nous nous apercevons qu'elles contiennent des propos étonnants sur le rapport entre la sexualité et la spiritualité. Les Corinthiens pensent qu'il faut donner au corps ce dont il a besoin. S'il a faim, nous devons manger. S'il a des besoins sexuels, nous devons les assouvir. Contre cela, Paul se défend : « Le corps n'est rien d'accessoire, il est partie constitutive de la personne humaine » (H.J. Klauck, Commentaire de la Première épître aux Corinthiens). Paul argumente donc comme un ami du corps et non comme son ennemi. Le corps est un lieu important où faire l'expérience de Dieu. Nous appartenons au Christ avec tout notre corps, notre personne entière. Nous ne pouvons donc pas le soustraire de notre relation au Christ et à la communauté des chrétiens qui est aussi le corps du Christ. Certains chrétiens de Corinthe considèrent que profiter de la sexualité n'affecte en rien notre relation au Christ et justifient ainsi leur comportement tolérant envers une prostitution largement répandue à l'époque. Les prostituées étaient légion à Corinthe et pour les habitants, avoir des rapports sexuels avec elles n'avait absolument aucune répercussion sur leur relation à Jésus-Christ et à la communauté des chrétiens. Paul leur oppose et maintient fermement la dignité du corps et sa relation à Jésus. La sexualité est l'expression du corps et, par conséquent, l'expression de l'homme, de la personne entière. Ma relation au Christ concerne également le rapport à mon corps et ma spiritualité touche également la manière dont je gère ma sexualité. C'est seulement si je vis ma sexualité dans toute sa dimension personnelle, si ma personne entière s'y exprime avec son amour et vise l'autre en tant que personne, que je la vis de manière adéquate. Celui que sa sexualité domine, qui est dépendant d'elle, ne la vit pas véritablement dans toutes ses implications personnelles. La liberté intérieure et la liberté à l'égard de l'ego font partie d'une sexualité comblée. Mais ce sont en fin de compte des comportements spirituels : le don sexuel de soi n'est possible que si l'on se libère de son ego pour s'abandonner entièrement à l'autre et en l'autre, et c'est ainsi que l'on se donne à l'amour, à Dieu et en Dieu.

CE QUI RENFORCE L'AMOUR

Éléments d'une culture relationnelle empreinte de spiritualité

Dans la première partie de cet ouvrage, j'ai réfléchi au déficit relationnel, maladie de l'homme contemporain. Mais la question n'est pas seulement de savoir ce qui met en danger nos relations. Il est tout aussi important de se demander ce qui les soutient. Je voudrais traiter quelques thèmes qui jouent un rôle dans tout mariage et dans de nombreuses relations de couple. Une fois de plus, je ne veux et ne peux traiter ces sujets de manière systématique, et je n'ai pas non plus l'intention de faire comme si j'avais une solution toute prête pour tous les genres de conflit. Je voudrais néanmoins les aborder et proposer quelques réflexions qui me paraissent importantes pour esquisser une culture relationnelle positive.

Il s'agit d'abord de se demander ce que peut bien signifier la spiritualité au sein d'une relation. Se réduit-elle au fait que les deux partenaires sont enracinés dans une même foi ou dans une pratique religieuse commune ? La spiritualité n'est-elle qu'un pieux pansement posé sur les conflits conjugaux ? Va-t-elle au-delà de l'exigence de s'aimer, de s'entendre et de se supporter ? Si elle se réduisait à cela, elle ne serait pas beaucoup plus qu'un postulat moralisant. Un cadre extérieur structurant, telle que le revendique l'éthique, peut fort bien être une aide à la réussite du mariage ou d'une relation stable entre partenaires. Mais la spiritualité au sein du couple vise plus loin.

Affranchis des images

Dans une brève esquisse intitulée *Quand Monsieur K. aime quelqu'un*, Bertolt Brecht a bien thématisé ce qui fait souvent échouer les relations : « Que faites-vous, demande-t-on à Monsieur K., quand vous aimez quelqu'un ? » « Je fais une esquisse de la personne, répond-il, et prends soin qu'elle finisse par lui ressembler. » « Qui ? L'esquisse ? » « Non, dit Monsieur K., la personne ». Se fabriquer une image de l'autre, projeter ses propres idées et représentations sur lui, voilà la mort d'une relation. La spiritualité entend précisément briser de telles fixations égocentriques. Il s'agit, en dernière instance, de s'ouvrir à ce qui dépasse notre quotidien, à ce qui renvoie au-delà de notre vie humaine, c'est-à-dire de chercher Dieu. Dieu dépasse toujours notre entendement. Nous, les hommes, avons besoin d'images pour être à même de parler de lui et de construire une relation avec lui. Mais en même temps, nous avons conscience qu'il se situe au-delà de toutes les images. L'Ancien Testament contient l'interdiction de se faire une image de Dieu. Une des dimensions spirituelles de la relation consiste, à mon avis, à ne pas non plus se faire d'image du partenaire. Nous avons bien sûr en nous une certaine représentation de l'autre. Mais la spiritualité nous amène à ne jamais le réduire à une seule image, à toujours avoir conscience de ce que l'autre dépasse toujours les représentations que nous nous faisons de lui. Il y a quelque chose en lui qui échappe à notre emprise. La relation au partenaire, homme ou femme, ne demeure vivante que si nous transcendons nos propres vues et restons ouverts au mystère sans image de l'autre. Si je le résume à une représentation bien précise, il m'ennuiera bientôt. Je connais toutes les facettes de son comportement et dispose d'une explication pour toutes ses paroles et tous ses gestes.

Dans une relation, l'absence d'images figées est un présupposé pour que je demeure curieux de mieux connaître l'autre et de m'ouvrir à son mystère. Max Frisch a parlé à ce propos du secret de l'amour authentique. « L'amour libère de toute image figée », écrit-il sans son premier *Journal*. Et sa fille Ursula Priess, qui cite cette phrase, ajoute, dans le livre qu'elle a publié sur son père, qui est aussi un livre sur la difficulté de leurs relations : « Ce n'est que dans l'amour qu'il est possible de ne pas se faire d'image. »

Dans le récit de la résurrection, l'Évangile de Jean exprime également cet aspect de l'amour. Quand Marie de Magdala reconnaît le Ressuscité et l'embrasse, Jésus lui dit : « Ne me retiens pas ainsi, car je ne suis pas encore monté vers le Père » (Jean 20,17). Dans l'image, nous retenons l'autre. Mais il y a en chacun quelque chose qui se soustrait à notre emprise. Ou, pour employer le langage biblique : il s'agit de ce qui monte vers le Père, de ce qui ouvre l'autre en direction de Dieu, de la dimension spirituelle en chacun d'entre nous. Nous avons en nous quelque chose que l'autre ne peut pas retenir, qui se soustrait à toute mainmise. C'est une dimension divine, enracinée en Dieu. Ce n'est qu'en la respectant qu'une relation peut demeurer vivante à long terme.

L'image de Dieu et l'image du partenaire

Dans la première partie, nous avons décrit la relation entre l'image de Dieu et l'image de soi. L'image que je me fais de Dieu ne correspond pas seulement à celle que je me fais de moi-même, mais aussi à celle que je me fais du partenaire. Si j'ai une image punitive de Dieu, cela influera sur ma relation au partenaire. Je risque de moraliser constamment, de lui faire des reproches en lui signalant le comportement qu'une bonne chrétienne ou un bon chrétien est censé avoir dans telle ou telle situation. Ou bien je lui inspire des sentiments de culpabilité quand il me blesse ou ne satisfait pas mes besoins. Si j'ai l'image d'un Dieu comptable, cela marquera également mon comportement vis-à-vis du partenaire. Je vais le juger d'après ce qu'il apporte dans le mariage, d'après le travail ménager qu'il assume ou sa manière de s'occuper des enfants, mais je ne vais pas le prendre en compte en tant que personne unique, avec ses sentiments et ses besoins. L'image d'un Dieu arbitraire suscitera en moi une méfiance vis-à-vis du partenaire. J'aurai le sentiment que je ne peux lui faire confiance, que ses paroles et ses actions ne coïncident pas, qu'il est toujours en proie à des sautes d'humeur et que je ne sais jamais à quoi m'en tenir.

De même, des images saines de Dieu contribuent à percevoir le partenaire de manière juste. L'image d'un Dieu miséricordieux et aimant me rendra sensible à l'amour que le ou la partenaire me porte. Mais même ces images positives de Dieu doivent sans cesse être transcendées. Et c'est ainsi que je dois également me défaire des bonnes images que je me fais du partenaire, pour m'ouvrir à son mystère et aimer cet être humain unique – et non une image que je me fais de lui. Pour la thérapeute Bärbel Wardetzki, l'amour narcissique est largement répandu aujourd'hui, où l'on aime sa propre image en l'autre. Ce n'est pas l'autre comme tel que je touche et que j'aime, c'est moi-même finalement : « Un amour narcissique sert la mise en avant du sentiment de la propre valeur. C'est la raison pour laquelle les partenaires sont souvent si aisément échangeables. » S'ils ne flattent plus l'image que j'ai de moi-même, je cherche le prochain partenaire dans le miroir resplendissant duquel j'affiche ma propre splendeur.

Vivre intensément

La spiritualité entend nous ouvrir à Dieu. Or, le Dieu qu'annonce Jésus Christ, est un Dieu de la vie. Dans l'Évangile de Jean, il dit de lui-même : « Je suis venu pour qu'ils aient la vie et l'aient en abondance » (Jean 10,10). Dès lors, la spiritualité se manifeste là où la relation est pleine de vie. On peut dire à juste titre que l'ouverture à Dieu maintient vivante la relation entre l'homme et la femme. Les deux n'étouffent plus dans l'étroitesse de leur horizon limité, mais vivent face au vaste horizon de Dieu. Et l'on peut ajouter que chaque fois qu'un couple a une relation pleine de vitalité, que les partenaires y font jouer leur imagination, et que la dimension érotique et sexuelle de leur vie commune est pleine de fantaisie, de créativité et de plaisir, ils font également l'expérience de Dieu au fondement de l'intensité de leur vie.

Jésus en personne appelle « vie éternelle » la vie qu'il nous annonce dans l'Évangile de Jean. La vie éternelle nous attend, certes, après notre mort, mais en elle coïncident *dès maintenant* le temps et l'éternité. Je peux percevoir cette qualité de vie en tentant d'être intensément attentif au moment présent. De nombreuses relations souffrent du fait que l'un des partenaires n'est pas pleinement présent à l'autre, mais préoccupé par son travail ou son avenir professionnel. Il s'agit donc d'être à la fois à l'écoute de soi-même, de ses propres sentiments et besoins, et de ceux de l'autre : essayer de comprendre l'autre par empathie ; ne pas le figer en une image précise, mais être prêt à se mettre à sa place, à se figurer ce qu'il ressent et désire intérieurement. L'attention à l'autre est aujourd'hui l'un des concepts spirituels les plus importants. Tous les auteurs spirituels invitent à cette attention à Dieu, au moment présent, et à l'autre. Il est important de veiller à la vivre également vis-à-vis du partenaire. Veiller, et ne pas dormir. Nous avons tous tendance à nous endormir et à nous bercer dans quelques vagues représentations de la vie et de l'autre. Vivre de manière attentive signifie se réveiller, ouvrir les yeux et regarder l'autre comme si nous ne l'avions encore jamais aperçu. Cela veut dire aussi ne pas se contenter de regarder l'autre avec les yeux du corps, mais avec ceux du cœur.

L'intuition, la voie d'accès à l'autre

L'intuition est un autre concept spirituel important. Le mot vient du latin *intueri*, porter le regard vers l'intérieur. J'ai besoin de l'intuition pour sentir ce qui est cohérent pour moi. Mais elle m'aide également à avoir accès aux couches intérieures plus profondes de l'autre. Dans notre vie avec un partenaire, nous risquons aussi de ne voir souvent que l'extérieur, de ne juger l'autre que d'après son comportement, par exemple s'il a fait la vaisselle ou rangé la chambre, ou s'il a coupé l'herbe dans le jardin ou réparé la machine à laver. L'intuition a besoin de temps de silence pour nous permettre de regarder l'autre sans préjugés et au-delà des apparences. Nous entrons alors en contact avec les images intérieures qui l'habitent et qui reflètent son être véritable. Nous nous libérons de nos préjugés et de nos projections et avons accès à son cœur. Cela donne une nouvelle dimension à la relation.

Ce que la spiritualité et la psychologie d'aujourd'hui appellent « intuition », saint Benoît le décrit comme « la contemplation du Christ dans l'autre ». Selon lui, les moines doivent voir le Christ en chaque frère et en chaque sœur, ne pas les réduire à leur comportement, à leurs paroles, à leur rayonnement du moment, mais, grâce à la foi, aller au-delà des apparences et porter le regard au tréfonds d'autrui. Ils découvriront alors en lui quelque chose de plus grand que ce qu'ils croient connaître. Il y a en chacun de nous un mystère qui nous dépasse, un bon noyau, une étincelle divine. Du moins connaissons-nous tous en nous le désir d'être bon. Selon saint Benoît, il est besoin des yeux de la foi pour découvrir le Christ en autrui. C'est une grande aide dans les frictions de tous les jours. Lors de disputes, nous ne voyons en l'autre que celui qui nous a blessé, qui a manqué de tact ou qui n'a pas compris ce dont il retourne. Nous le figeons ainsi en une image bien circonscrite et étroite. La foi fait éclater cette image. Elle constate bien le manque de tact et l'agressivité dont l'autre a fait preuve, mais elle voit, au-delà de ce comportement, son noyau intérieur. Ainsi, nous ne nous enfonçons pas dans le conflit, mais ouvrons aussi à l'autre la possibilité de croire à ce qu'il y a de bon en lui.

Ne pas se polariser sur les blessures

De nombreuses blessures au sein du couple résultent d'un manque de foi dans le partenaire. Nous réduisons l'autre aux représentations que nous avons de lui et que nous ne sommes pas prêts à lâcher pour l'aborder avec les yeux de la foi. La philosophie stoïcienne a établi un principe que la spiritualité chrétienne des premiers siècles a adopté avec reconnaissance : « Personne ne peut te blesser si ce n'est toi-même. Ce ne sont pas les hommes qui te blessent, mais les représentations (*dogmata*) que tu te fais d'eux. » Souvent, ce n'est pas l'homme qui blesse la femme, mais une attente qui ne se réalise pas. La femme se dit : Mon mari devrait se rendre compte que je me suis occupée toute la journée des enfants et que j'ai tout simplement besoin d'un peu de temps pour moi-même. L'homme se dit : ma femme devrait quand même voir que je suis stressé par le travail, que je suis fatigué et ai besoin d'un peu de repos. L'homme et la femme ont, chacun, des représentations non dites sur l'autre, et celles-ci ne trouvent pas d'accomplissement. Cela suffit pour que l'un et l'autre se sentent blessés. Mais ce n'est pas la femme qui a blessé l'homme, ni l'homme qui a blessé la femme, c'est la représentation inassouvie qu'ils ont l'un de l'autre. Croire en ce qu'il y a de bon dans l'autre signifie lâcher les idées que je me fais de lui, l'aborder avec les yeux de la foi, m'intéresser à ce qui le préoccupe. Ainsi, je ne le réduis pas aux représentations que j'ai de lui, mais lui permets d'être *lui-même*. Et si j'ai des attentes et des désirs à son égard, je les lui dis, au lieu d'attendre de lui ce qu'il ignore que j'attends.

RITUELS – LES ORDRES DE L'AMOUR

Dans la vie concrète, la spiritualité se déploie toujours dans un ordre concret des choses. Bert Hellinger parle des « ordres de l'amour ». Pour réussir, l'amour entre l'homme et la femme a lui aussi besoin d'un certain ordre des choses. Dans une première approche, cela semble contradictoire. L'amour n'est-il pas le sentiment spontané qui me saisit par surprise, quelque chose de vital et de non ordonné ? L'amour vit de la spontanéité et de la créativité. Et cependant, il a aussi besoin de formes concrètes pour ne pas s'étioler. Les sentiments vont et viennent. J'ai besoin de points de référence où j'entre en contact avec le sentiment de l'amour. Les rituels constituent ces points de référence ou de mémoire. Ils maintiennent vivant mon amour.

Les rituels ont avant tout deux significations. Ils ouvrent notre vie en direction de Dieu et la placent sous sa bénédiction. Dans le quotidien, ils nous montrent que nous menons notre vie commune face à Dieu, que c'est *Lui* le véritable but vers lequel nous cheminons et le fondement sur lequel nous construisons la maison commune de notre vie. Mais ils ont encore une autre signification. Ils sont le lieu où peuvent s'exprimer des sentiments qui ne sont exprimés nulle part ailleurs. Ils approfondissent les relations entre les hommes et créent une identité commune. Ils nous unissent à un niveau plus profond que celui de la raison et de la volonté, plus profond aussi que celui du sentiment. Cela vaut avant tout pour les rituels d'une vie à deux. Certains couples ont choisi par exemple de se donner chaque matin un baiser pour se dire bonjour, et chaque soir un baiser pour se souhaiter une bonne nuit. Cela peut paraître superficiel. Mais si le rituel est respecté, il y a au moins une fois par jour un contact tendre entre eux deux. Parfois le baiser sera plus intense, parfois il sera le simple signe quotidien de confiance, symbolisant que l'amour réciproque repose sur des bases solides.

Se pardonner réciproquement

Pour moi, la spiritualité s'articule, d'une part, dans une vision des choses bien précise, à savoir la foi, qui permet un regard plus profond, qui voit le Christ en chaque homme, et d'autre part, dans des rituels et dans un certain nombre d'attitudes vis-à-vis de la vie. Ces attitudes exigées par la spiritualité pourraient être appelées vertus et sont bonnes pour le mariage et toute vie en couple.

Évoquons tout d'abord l'attitude du pardon, élément constitutif de la spiritualité chrétienne. Nous sommes invités à avoir la ferme confiance que Dieu nous pardonne toutes nos fautes et que nous sommes acceptés inconditionnellement par lui. Mais la foi dans le pardon de Dieu doit nous amener à nous pardonner à nous-mêmes et à nous pardonner mutuellement.

On a souvent du mal à se pardonner, par exemple quand on a blessé le partenaire ou abusé de sa confiance. Souvent, on ne peut plus se supporter soi-même et ne veut plus s'imposer à l'autre. On désespère de soi et on se sépare du partenaire pour ne plus être confronté à son sentiment de culpabilité. Ce n'est que si nous nous pardonnons à nous-mêmes que nous pouvons honnêtement aborder l'autre. Sinon, nous perdons tout respect de nous-mêmes et battons constamment notre coulpe. Une vie à deux devient ainsi impossible, car une telle attitude ne peut que provoquer un sentiment de culpabilité permanent chez l'autre. Qui aurait envie de coucher avec quelqu'un qui porte un cilice ?

Mais pardonner à l'autre est tout aussi important. Le vivre ensemble de manière réussie est à ce prix. Si les partenaires ne sont pas prêts à se pardonner réciproquement, ils ne cesseront de se reprocher leurs manquements respectifs. La facture que l'on présentera ainsi à l'autre deviendra de plus en plus lourde au fil du temps. L'autre présentera la sienne à son tour, et cet esprit revendicatif finira par ruiner la relation. Le pardon, au contraire, aère et rafraîchit l'atmosphère. Celui qui pardonne, non content de se guérir soi-même, redevient également capable d'aimer à nouveau sans conditions et sans reproches. Sans le pardon, l'aversion réciproque ne cesse de croître, et peu à peu, l'amour se transforme en haine. Le pardon implique que je me libère de l'énergie négative déclenchée par la blessure infligée, et qui submerge et salit mon âme. Pardonner signifie ensuite que j'abandonne la blessure à l'autre. Je m'en débarrasse et ne tourne plus autour d'elle. Je ne l'utilise plus comme reproche adressé à l'autre, je la pardonne. Mais je ne peux pardonner à partir d'une position de force. Si c'était le cas, je ferais simplement comprendre à l'autre que c'est moi la personne généreuse, et lui le seul à avoir des torts. Le pardon ne va pas de pair avec l'accusation du partenaire. Au contraire, je pardonne en ayant bien conscience que j'ai ma part de responsabilité. Je pardonne toujours en même temps à moi-même *et* à l'autre. Alors seulement l'autre peut accepter ce pardon. Si, par contre, je fais comprendre à mon partenaire que la faute lui incombe clairement, mais que je suis assez généreux pour la lui pardonner, il ne se sentira pas libéré. De plus, il ne sera pas prêt, la plupart du temps, à accepter un tel pardon, ce qui serait avouer sa culpabilité. Une telle attitude reviendrait à humilier l'autre.

Se montrer reconnaissant

La reconnaissance est un autre comportement spirituel fondamental vis-à-vis de Dieu, mais aussi de notre propre vie. Nous sommes reconnaissants pour l'amour que Dieu nous donne gracieusement ; nous savons gré au partenaire de nous accepter et de nous accompagner, d'être fidèle et loyal. Nous sommes reconnaissants pour l'amour qu'il nous est donné d'éprouver, et prenons conscience du fait que l'amour est, en dernière instance, un don que nous ne pouvons revendiquer en faisant valoir nos mérites. Il est un mystère qui nous relie en profondeur. Cette reconnaissance a besoin de pouvoir s'exprimer, comme tout ce qui relève de notre vie spirituelle. L'eucharistie est sans aucun doute une possibilité extraordinaire de remercier Dieu pour ce qu'il nous a donné en Jésus Christ. En elle, nous pourrions également rendre grâces pour notre partenaire et notre famille. Nous devrions remercier Dieu pour son amour et les fruits que cet amour a portés en nous. La reconnaissance ne peut cependant se résumer à la messe du dimanche. Il s'agit de l'exercer au quotidien et de signifier à l'autre, verbalement ou symboliquement, que nous nous rendons bien compte de ce qu'il ou elle fait pour nous. Elle ne se limite pas cependant à ce que l'autre fait ou dit, mais s'adresse à son être. Il est parfois bon de simplement remercier l'autre d'être ce qu'il est, de ce qu'il demeure à côté de nous, de ce que nous pouvons nous aimer l'un l'autre.

Se faire mutuellement confiance

La confiance est une autre attitude spirituelle, indispensable à la réussite de la relation avec le partenaire. Elle s'enracine dans l'enfance. La mère communique à l'enfant la confiance originaire, et le père celle d'oser entrer dans le monde et de prendre en main sa vie. Mais cette confiance, transmise par les parents, a besoin d'un fondement spirituel. Si je me sens porté par Dieu, je peux faire confiance à l'autre, même si l'histoire de ma vie a connu des déceptions. La confiance repose sur la foi que nous sommes à l'abri dans la main de Dieu, et qu'il y a un bon noyau en l'être humain. C'est une foi qui demande à être exercée inlassablement, car chaque relation comporte son lot de déceptions. Je ne réduis néanmoins pas l'autre à ses fautes et à ses défaillances, mais continue à croire au bon noyau en lui. Et je suis également persuadé qu'il y a un bon noyau en moi-même, car je suis aussi souvent déçu de moi. Je ne fais pas ce que je voudrais vraiment faire. Je suis jaloux, bien que ne voulant pas l'être. Il y a aussi des hommes qui se condamnent sans cesse eux-mêmes et qui, persuadés de ne faire aucun progrès intérieur, désespèrent d'eux-mêmes. La foi a confiance que le bien en moi est plus fort que les faiblesses dont je souffre.

ESPÉRANCE ET PATIENCE

La foi doit s'allier à l'espérance. Pour les théologiens, l'espérance est une vertu théologale. Nous sommes donc appelés à l'exercer nous-mêmes, mais il s'agit aussi d'une attitude que Dieu nous donne gracieusement. Nous dépendons fondamentalement de cette grâce, car nous espérons contre toute espérance. Sans espérance, aucune relation ne saurait réussir. Sans elle, les parents ne peuvent avoir d'enfants ni les éduquer. L'espérance doit être patiente, miser sur le long terme. Elle se différencie cependant de l'attente. Si j'attends de mon partenaire qu'il fasse ceci ou cela, qu'il change telle ou telle chose, je risque d'être souvent déçu de ce qu'il ne le fait pas. Et très fréquemment l'autre se sent écrasé par mes attentes, parce qu'il a le sentiment d'être constamment censé les honorer. Ne pouvant le faire, il devient agressif. Et moi-même, je réagis au non-accomplissement de mes attentes par la déception. Selon le philosophe français Gabriel Marcel, « aimer quelqu'un, c'est espérer en lui pour toujours. » L'espérance est toujours dirigée vers une personne. J'espère que tu deviendras de plus en plus celui que tu es en relation à Dieu. L'espérance n'abandonne jamais. Saint Paul dit que nous espérons ce que nous ne voyons pas – ce qui est d'une importance décisive pour la relation entre partenaires de vie. Trop souvent nous nous reprochons réciproquement : « Je ne constate rien de ce que tu m'as promis. Ne voulais-tu pas changer telle ou telle chose ? Je ne vois chez toi aucun effort pour améliorer quoi que ce soit. » Des paroles de ce genre réduisent l'autre à ce qui est visible. L'espérance, en revanche, porte son attention sur l'invisible. Elle mise sur le pari qu'il existe quelque chose en l'autre qui n'est pas encore perceptible, mais qui va se manifester un jour ou l'autre. Sans l'espérance, la vie en commun devient vite un enfer, comme l'a décrit Jean-Paul Sartre. Et Dante inscrit aux portes de l'enfer : « Vous qui entrez ici, laissez toute espérance ! » L'espérance pousse à ne jamais abandonner ni l'autre ni non plus soi-même. Je ne cesse de prendre de nouveaux départs. Je n'abandonne pas l'espérance que nous trouverons un chemin l'un vers l'autre. Des hommes sans espérance laissent à l'autre tout au plus deux ou trois chances, et leur patience est vite à bout. L'espérance est patiente. Elle espère ce qu'elle ne voit pas encore, et permet ainsi un épanouissement et une transformation à long terme.

Être responsable l'un de l'autre

La responsabilité comme attitude spirituelle consiste en une réponse à un appel reçu. Chacun de nous a bénéficié d'un tel appel de la part de Dieu : j'ai été appelé à l'existence, à vivre pleinement la vie qui m'est donnée. De même, j'ai pu me sentir comme poussé à m'unir à telle femme, ou à tel homme, pour la vie. Ayant répondu à cet appel, je suis responsable de moi-même et de ma vie, mais aussi de l'autre personne. Le Petit Prince d'Antoine de Saint-Exupéry a cette belle parole : « Tu deviens responsable pour toujours de ce que tu as apprivoisé. » Lorsque je suis intime avec quelqu'un et que je m'engage vis-à-vis de lui, je deviens responsable de lui. Même si la relation échoue, je continue à avoir cette responsabilité. Je ne peux pas faire comme si notre relation n'avait jamais existé et ignorer tout simplement l'autre. Je demeure responsable, ne serait-ce que de gérer la rupture de manière loyale. Je suis responsable de mes actes et ne puis me comporter comme cela me chante. Je dois rendre des comptes à ma propre conscience morale, au partenaire et à Dieu.

Cette responsabilité vaut aussi quand, si je suis moi-même marié, je tombe sous le charme d'une autre femme. Il n'existe pas de remède à cela. Certains pensent que la femme, dont ils sont tombés amoureux, assouvira tous leurs désirs, et ils sentent alors tous les déficits de leur propre relation matrimoniale. Ils sont convaincus que seule cette nouvelle femme leur permettra de vivre une vie accomplie et ne voient plus la responsabilité qui est la leur. Gérer de manière responsable cette situation amoureuse consiste à la considérer comme une chance de déployer en soi de nouvelles dimensions et à revivifier la relation avec le partenaire. Il s'agit d'intégrer l'état amoureux au propre concept de vie. Il peut, bien entendu, y avoir des échecs, par exemple lorsque la relation antérieure est au point mort et qu'il n'y a plus moyen de la ranimer. Mais il me faut tout d'abord assumer ma responsabilité. Je dois répondre au désir de ma femme qui a voulu vieillir à mes côtés et souhaité que je sois le père de ses enfants. Je ne peux pas me débarrasser simplement de cet engagement, même si le mariage est voué à l'échec. Certains donnent l'impression de refuser toute forme de responsabilité, en se référant à l'intensité de leurs sentiments pour la nouvelle partenaire. Ils deviennent aveugles pour ce qu'ils ont vécu jusqu'alors. Mais il importe de se laisser remettre en question et de répondre aux demandes de la femme et des enfants. On ne peut pas simplement s'en aller et supposer que les autres vont se débrouiller.

Une femme, dont le mari était engagé dans le mouvement pour la paix et l'environnement, me raconta un jour : « Dans le mouvement pour la paix, il assume une responsabilité pour le monde entier. Mais pour ce qui nous concerne ma famille et moi, il la refuse. À cet égard, il n'a suivi que ses sentiments et nous a simplement laissés tomber, sans s'en expliquer avec nous. » Nous avons du mal à répondre à une personne concrète que nous avons blessée. Mais nous avons l'obligation d'assumer nos actes et de nous montrer tels que nous sommes, même avec nos failles et nos faiblesses. Quiconque prend ses responsabilités, devient modeste et ne se cache plus derrière de belles paroles. Il s'avoue à lui-même en avoir blessé d'autres et assume ses actes face à eux, en répondant de son mieux à leur douleur et à leur déception.

Vivre authentiquement

Après sa résurrection, Jésus a dit à ses disciples : « C'est bien moi » (*Ego eimi autos*). Le mot grec *autos* désigne le sanctuaire intérieur de l'homme où il est en contact avec son âme, avec l'image unique et authentique que Dieu s'est faite de lui. La spiritualité consiste à découvrir et à déployer cette image, et à devenir de plus en plus soi-même. La philosophie a appelé cette attitude authenticité. Il s'agit, pour l'essentiel, d'être au diapason de cette image originaire de Dieu. Malheureusement, il nous arrive souvent de nous déformer nous-mêmes, d'essayer de nous conformer aux attentes d'autrui. Que ce soit dans la famille, dans la profession ou dans le cercle des amis, nous sommes à chaque fois différents. Nous sentons ce que les autres attendent de nous et jouons le rôle qui plaît. Mais nous ne sommes pas véritablement nous-mêmes. Dans une vie de couple, on ne peut pas se cacher derrière des rôles, mais il faut être fidèle à sa propre vérité. Nous sommes obligés alors de prendre clairement conscience de qui nous sommes véritablement. La relation ne peut réussir que si les deux partenaires sont intégralement eux-mêmes, authentiques, en consonance avec le tréfonds de leur être.

Extase et don

Pour ce qui est du lien entre spiritualité et relations au sein du couple, le thérapeute Hans Jellouschek attire l'attention sur un autre aspect. Il met en garde contre une surcharge spirituelle de la relation entre l'homme et la femme, surtout de leur relation sexuelle, c'est-à-dire contre une idéalisation telle de l'amour entre les partenaires qu'ils lui confèrent une dimension religieuse. Il n'en reste pas moins souhaitable d'intégrer la relation érotico-sexuelle à la spiritualité. En effet, dans le don sexuel réciproque de soi, il y a une part de l'extase à laquelle nous espérons avoir accès grâce à la voie mystique de l'union à Dieu. Dans une réflexion sur la spiritualité comme force thérapeutique, Jellouschek souligne ceci : « En n'étant plus séparée de la dimension religieuse, mais insérée dans une perspective spirituelle, l'expérience érotique se trouve placée sur un sol réaliste et est d'une certaine manière relativisée. » Dans l'union sexuelle, nous faisons également l'expérience de ce que la théologie appelle la grâce : le fait que l'homme se sente accepté en tant qu'homme par la femme, et la femme acceptée en sa féminité par l'homme. Jellouschek considère tout ce que nous vivons dans la relation érotico-sexuelle comme une sorte « d'apparition de ce vers quoi nous sommes en route. Une vision spirituelle de l'amour érotique aide ainsi à adopter une attitude réaliste et pourrait, par là, soutenir grandement les efforts "purement thérapeutiques" du psychologue pour aider le couple à accéder à une conception réaliste de l'amour. » Et Jellouschek de souligner encore un autre aspect, que j'ai déjà évoqué plus haut. À long terme, l'amour ne peut demeurer vivant que si les deux partenaires ne se contentent pas de se regarder constamment l'un l'autre, mais portent le regard au-delà d'eux-mêmes vers un but commun. Ce but ne doit néanmoins pas être conçu trop chichement, mais renvoyer, en fin de compte, bien au-delà des deux protagonistes. La spiritualité amène les partenaires à se considérer comme des pèlerins en route vers un but, Dieu, qui les relie même au-delà de la mort. Jellouschek cite le thérapeute juif Viktor E. Frankl qui affirmait « que notre vie n'a de valeur pour nous que si nous la vouons à quelque chose qui a de la valeur ».

Ce qui nourrit la relation

Le souvenir du commencement

La relation a sans cesse besoin d'être renforcée, rafraîchie et renouvelée. Un moyen de la fortifier consiste à se souvenir de son commencement. Qu'est-ce qui nous a fait nous rejoindre, jadis ? En quoi consistait la fascination réciproque ? L'amour, qui a été, n'a pas tout simplement disparu. Il a peut-être changé ou s'est amoindri. Je ne peux pas non plus reproduire tels quels les sentiments qui ont surgi en moi quand j'étais amoureux. Car ils relèvent aussi toujours de la projection. La femme dont je suis tombé amoureux a suscité en moi des émotions puissantes ; elle a touché à mon intense désir d'union et m'a mis en contact avec des sentiments profondément enfouis en moi, qui ne demandaient qu'à être réveillés. Cependant, quand je me souviens du commencement, je n'ai pas seulement ressenti l'état amoureux et tout ce qui va de pair, mais j'ai pressenti aussi ce que cette femme incarnait de précieux et d'unique. Du moins ai-je été touché par cette dimension. Peut-être ai-je vu en elle la promesse du bonheur, de la maternité, de la beauté, de la vivacité, de l'amour. Que reste-t-il de cette promesse ? Si je laisse un instant de côté les sentiments profonds et tente d'analyser objectivement ce qui m'a attiré vers cette femme, qu'apparaît-il alors ? Il doit bien s'agir de quelque chose qui était présent en elle, toute projection mise à part. Et cela continue à être en elle, aujourd'hui. Ainsi, le souvenir de ce qui fut autrefois peut me sensibiliser à ce qui fait la spécificité de cette femme. C'est une personne concrète à qui je peux de nouveau dire Oui. Certes, au cours des années, j'ai eu l'occasion de découvrir aussi d'autres facettes de sa personnalité. Mais ce qui m'a attiré dans le temps, est toujours présent en elle. Et si je la considère sous cet angle, elle m'apparaît dans une autre lumière et je rentre à nouveau en contact avec l'amour qui a avait surgi en moi dans le passé.

Cela vaut pour l'homme comme pour la femme. La femme se souvient de tout ce qui l'a attirée en cet homme. Bien des choses ont sans doute perdu de leur éclat au fil du travail quotidien, et de la routine qui s'est inévitablement installée. De même, ce qui a fasciné l'homme en cette femme, est toujours là de quelque manière. Le souvenir les porte tous les deux à continuer à croire en l'autre, et peut amener chacun d'eux à rentrer en contact avec ce qu'il y a de fascinant en l'autre, et à revivifier et nourrir leur relation.

Une source intarissable

L'amour réciproque, aux limites inévitables, est nourri par la source illimitée de l'amour divin, qui sourd en chacun. Certes, la source humaine risque de se tarir par moments, mais la source divine n'en continue pas moins d'être présente au tréfonds de notre être. Quand nous nous en souvenons ou quand nous nous y plongeons grâce à la méditation, cette source peut progressivement ressurgir en nous pour imprégner et nourrir notre amour humain. Ainsi, le souvenir de notre mariage à l'Église peut également contribuer à faire jaillir à nouveau la source divine en nous. À l'occasion de cette cérémonie, nous avons confié notre mariage à la bénédiction de Dieu. Mais nous avons en même temps fait l'expérience que notre amour humain a sa source la plus profonde dans l'amour divin, qui ne tarit jamais. La célébration à l'Église exprime bien que le mariage est un sacrement, ce qui veut dire que le signe visible renvoie à une dimension invisible, le divin. L'amour humain visible, qui s'exprime dans notre tendresse et notre union sexuelle, nous renvoie à l'amour divin invisible, présent en nous. Non content de sanctifier notre amour, le sacrement nous décharge également de la prétention selon laquelle l'amour humain doit satisfaire la totalité de notre désir. L'amour humain, nécessairement limité nous renvoie à l'amour illimité de Dieu. Nous pouvons ainsi savourer l'amour que l'autre nous donne et nous laisser guider par cet amour vers le fond de notre âme où jaillit la source infinie de l'amour divin. Et c'est auprès de cet amour divin que notre amour humain peut se nourrir, tout au long de notre mariage.

Percevoir le partenaire

Mais il y a également certains modes de comportement qui nourrissent notre relation à l'autre. Mentionnons d'abord la manière de percevoir l'autre en sa spécificité et en son altérité. Dans la vie quotidienne, nous le réduisons souvent à ce que nous attendons de lui, ou à ce que nous savons de lui. Il nous faut donc faire un pas en arrière et prendre du recul, pour porter sur lui un nouveau regard, qui n'analyse ni ne juge, mais qui le perçoit et permet de dévoiler sa vérité. Le mot grec pour « vérité » est *aletheia*, qui signifie que l'essence de l'être est arrachée à l'oubli. Le voile est levé pour que nous puissions voir la réalité véritable. Pour percevoir vraiment l'autre, il s'agit de lever le voile que la vie quotidienne ne cesse de déposer sur lui et qui nous le cache, afin de le voir en son être véritable. Cette perception arrache le mystère de l'autre à l'oubli. Dans la routine quotidienne, nous oublions souvent qui est l'autre en vérité. Le percevoir signifie que je me souviens de sa vérité proprement dite. Je recueille cette vérité symboliquement dans ma main et la traite pour ainsi dire comme une perle précieuse. Je n'utilise pas cette perle à mes propres fins, mais la contemple comme quelque chose qui, tout en étant tellement différent de moi, me rappelle cependant aussi la perle en ma propre âme.

Témoigner son estime

« Le contraire de l'amour n'est pas la haine. Son contraire est l'indifférence. » Cette phrase d'Élie Wiesel vaut pour toutes les relations humaines. Celui qui considère l'autre avec indifférence ne le perçoit même plus. Percevoir l'autre s'exprime dans une attitude de respect et d'estime, deux formes du voir. Le mot « respect » vient du latin *respicere*, jeter un second regard sur quelqu'un. Dans la routine quotidienne, je ne prête souvent pas attention à l'autre. Je dois donc m'arrêter et le considérer avec un nouveau regard. Respecter l'autre signifie le prendre véritablement en compte, ne pas passer à côté de lui. Regarder quelqu'un, c'est m'intéresser à lui, lui témoigner du respect, lui donner le sentiment de sa valeur et de sa dignité uniques. J'entends souvent dire : « Mon mari ne prête pas attention à moi et ne se préoccupe que de ses propres affaires. Je me sens complètement négligée. » Si un mari ne regarde plus sa femme, elle se sent nécessairement mise de côté et souffre de ce manque d'estime.

L'estime ne doit néanmoins pas seulement s'exprimer par le regard, mais aussi en paroles. L'autre a besoin que j'évoque la valeur qu'il a à mes yeux pour pouvoir y croire lui-même. Cette estime peut se manifester également par des cadeaux, sans qu'importe toutefois leur valeur matérielle. Certains amants essaient d'exprimer leur degré d'estime par le coût du cadeau alors censé remplacer l'absence de respect au quotidien. Mais l'autre a besoin d'un geste gratuit, d'un cadeau qui étanche sa soif d'amour et le conforte. L'essentiel n'est donc pas sa valeur matérielle comme telle, mais l'imagination et l'amour que j'y investis, en le choisissant avec soin, en me mettant à la place de l'autre et en réfléchissant à ce qui pourrait particulièrement lui faire plaisir et lui témoigner le mieux mon amour et mon estime.

Juste équilibre entre proximité et distance

La relation à l'autre se nourrit d'un bon ajustement entre proximité et distance. Si je reste collé à mon partenaire, il ne peut plus respirer librement et n'a pas la possibilité de se nourrir d'autre chose que de moi. Mais moi seul ne peux lui suffire comme nourriture. Pour l'un, la nourriture supplémentaire sera la musique ; pour l'autre la visite d'un musée, une promenade dans la nature, ou un cours de méditation, ou encore un exposé sur des thèmes spirituels. Certains, nombreux, se ressourcent auprès de leurs amis et se sentent raffermis quand ils peuvent les rencontrer et échanger avec eux. Des analyses ont montré que des époux qui ont chacun leur propre cercle d'amis et, par ailleurs, des amis communs, s'entendent mieux. Ils ne se surmènent pas en exigeant trop l'un de l'autre, mais disposent aussi d'autres sources où puiser force et réconfort.

Il faut toujours un juste équilibre entre proximité et distance. Si je ne fais que garder mes distances, mon partenaire sera affamé. Un homme m'a raconté que sa femme le glaçait. Il n'était jamais assez bien pour elle. Elle ne voyait que ses manques et ses défauts, ne renforçant pas ce qu'il y avait de bon en lui. À force de le jauger et de le juger de la sorte, elle était incapable de lui accorder son estime, de lui donner nourriture et chaleur. Il faut toujours un bon ajustement entre proximité et distance. La proximité de l'autre me nourrit. Mais si je me m'accroche à lui, la nourriture s'avérera unilatérale et insuffisante. La distance nous offre la possibilité de goûter aussi à d'autres nourritures et boissons qui nous font du bien.

Certains couples confondent la proximité et la symbiose. Pour plusieurs races d'animaux, la symbiose est parfois vitale, mais elle va de pair avec la dépendance les uns des autres. Si des couples vivent ensemble de manière symbiotique, ils rétrécissent leur espace vital et, à la longue, ne se nourrissent plus l'un de l'autre, mais s'absorbent réciproquement. Dans le règne animal, la frontière entre la symbiose et le parasitisme est fluctuante. Dans le mariage, une vie commune de type symbiotique mène les partenaires à vivre l'un de l'autre. Mais ils se coupent des sources qui pourraient les nourrir également. Le jour viendra alors où la source de l'autre sera épuisée, et où la symbiose se transformera en une cohabitation stérile. Les deux partenaires dépendront l'un de l'autre au point de perdre leur identité respective. Tout se mélangera en eux et ils finiront par ne plus savoir qui ils sont. Ils ne pourront plus vraiment se rencontrer, mais se cramponneront l'un à l'autre.

Espace intérieur

Pour trouver un bon équilibre entre proximité et distance au sein du mariage, il faut tracer des frontières et respecter celles de l'autre. C'est tout un art. Nous pensons que l'amour transcende les limites et nous unit. Cela est vrai. Mais nous ne pouvons pas toujours vivre en union. Même dans l'intimité du mariage, il faut savoir se démarquer de l'autre, pour éviter l'étouffement ou la dissolution des limites. La psychologie parle à ce propos de personnalités confluentes, qui ignorent où elles commencent et où elles se terminent, l'une se fondant en l'autre au point que les deux ne savent plus qui ils sont vraiment. Ce n'est pas ainsi qu'il peut y avoir une relation. Or, dans une vie de couple, il s'agit d'aller sans cesse l'un au-devant de l'autre, ce qui n'est guère possible quand on est rivé l'un à l'autre. La véritable rencontre a une force transformatrice.

La relation entre la Vierge Marie et sa cousine Élisabeth est, à mes yeux, l'image archétypique d'une rencontre réussie. Les deux femmes sont enceintes. Marie se met en route, quitte son environnement familier, traverse les régions montagneuses des blocages et des préjugés intérieurs, et va au-devant d'Élisabeth. À l'heure des salutations, l'enfant que celle-ci porte en son sein tressaille de joie. Elle s'anime et, grâce à la rencontre avec Marie, entre en contact avec l'enfant en elle, avec l'image intacte et originaire que Dieu s'est faite d'elle. Et elle reconnaît en Marie la mère de son Seigneur. Dans toute rencontre, il importe de considérer l'autre comme quelqu'un qui porte le Christ en lui. Élisabeth déclare Marie bienheureuse. Inspirée par l'Esprit Saint, elle l'assure que sa vie va réussir, parce qu'elle a cru. Pour qu'une telle rencontre porte-bonheur puisse également avoir lieu régulièrement dans le mariage, il faut un bon équilibre entre la proximité et la distance, ainsi que des limites judicieusement posées et respectées.

De nombreuses personnes hésitent à poser des limites à leur partenaire, de peur que l'autre cesse de les aimer ou puisse se sentir blessé. Mais à trop prendre en considération la réaction de l'autre, on risque de ne pas tenir compte des propres besoins : on perd ainsi ses propres frontières et on passe, finalement, à côté de soi-même. Pour que le vivre ensemble dans le mariage réussisse, il y a besoin de limites. Certains couples pensent qu'il leur faut tout faire en commun. Ainsi, une femme qui s'occupait seule des enfants tout au long de la semaine, prit la liberté de faire une sieste d'une heure le dimanche après midi, et s'entendit dire par son mari qu'il serait bien plus sympathique de se promener ensemble avec les enfants. Elle eut alors mauvaise conscience, se demandant si elle n'était pas trop égoïste et n'avait pas tracé des limites trop étroites. Mais en en parlant tous deux, il s'avéra qu'elles étaient en fait bénéfiques pour tous. Les enfants profitaient du fait d'avoir leur papa à eux seuls. Et la mère pouvait en toute bonne conscience jouir de son temps libre. Tracer une frontière et la respecter s'avérait salutaire pour toute la famille.

Trouver un ancrage en soi-même

Mais il ne s'agit pas seulement de tracer des frontières extérieures pour gagner la marge nécessaire pour soi-même. Le mariage ne peut réussir que si les partenaires se posent aussi mutuellement des limites intérieures. Il faut éviter de référer tout mot blessant ou dévalorisant à soi-même. J'ai besoin d'une saine frontière pour savoir distinguer quand prendre à cœur une parole critique et quand en laisser la responsabilité à mon partenaire. Parfois, il est utile de simplement regarder l'autre laisser libre cours à son insatisfaction ou à ses frustrations professionnelles. Je me trouve alors dans la situation du spectateur au théâtre. Je regarde, mais n'entre pas dans le jeu. Je ne juge pas le jeu de l'autre, mais me contente de l'observer et reste ancré en moi-même sans me laisser troubler ou impliquer. Je constate à quel point il est blessé intérieurement par la déception pour ressentir le besoin de la mettre ainsi en scène. M'en tenant au rôle de spectateur, je suis mieux à même de réagir de manière objective et constructive. Si je référais chaque parole immédiatement à moi-même, je me sentirais profondément blessé et blesserais l'autre à mon tour en lui faisant toutes sortes de reproches. L'exercice spirituel qui consiste à trouver un ancrage en soi-même, est utile pour mieux gérer les conflits et les frictions de tous les jours. Je suis alors plus en mesure de décider : où dois-je laisser les choses me toucher de près ? Où en rester au rôle de spectateur ? Certes, il s'agit là d'un difficile exercice d'équilibre entre ces deux pôles. Il y a des gens, incapables de poser les limites, qui immédiatement réfèrent tout à eux-mêmes et qui s'empêtrent alors de plus en plus dans leurs émotions. Mais il y en a aussi qui se différencient trop l'un de l'autre au point de ne plus percevoir les besoins et les désirs que le partenaire exprime par des cris et des larmes. Ils se mettent à ce point en retrait qu'ils signalent à l'autre que ses pleurs et son insatisfaction sont exclusivement son problème. Se différencier de cette manière revient en fait à refuser de voir la réalité. Ce comportement est très blessant pour l'autre, qui a le sentiment que le partenaire est devenu insensible aux pleurs et au désespoir, et même à la maladie, et qu'il s'est enfermé en lui-même. Une personne qui réagit de la sorte va parfois jusqu'à donner une auréole spirituelle à son attitude, montrant par là qu'elle est tellement en harmonie avec elle-même que les problèmes d'autrui ne peuvent plus l'ébranler, et présentant ainsi son manque de compassion comme de la maturité spirituelle. Un tel comportement ne peut que mettre en rage le partenaire, à juste titre, car il n'est guère possible de franchir une telle frontière. Le mur érigé ainsi par l'idéologisation spirituelle est si haut que l'autre disparaît du champ de vision.

Offrir de la résonance

Il faut donc trouver un autre chemin pour que la vie à deux puisse réussir : la résonance. Ce que mon partenaire me dit doit déclencher en moi une réponse. Si je ne réagis pas du tout, il a le sentiment d'être délaissé. Cela ne veut pas dire que je dois répondre de manière agressive quand l'autre me fait par exemple des reproches, mais que je lui montre ce que sa parole blessante génère en moi. Souvent, ce sont les femmes qui disent leurs ressentiments à leur compagnon, qu'elles ont l'impression d'être incomprises, qu'elles ne savent pas quoi penser de lui, faute de réaction de sa part. Il n'est pas rare que les hommes se soustraient alors à l'échange, se murant dans le silence, n'offrant aucune résonance, ce qui insécurise les femmes. Même si quelqu'un réagit sans afficher d'émotions, cela est préférable à l'absence de toute réaction. Il est vrai cependant que la communication entre l'homme et la femme échoue souvent parce que s'y mêlent des tonalités chargées de reproches, des jugements de valeur ou une insistance intempestive. Pour qu'un échange puisse porter des fruits, il faut toujours une attitude de foi, la confiance que l'autre comprend le partenaire et lui fait part de ses pensées. Si l'homme se sent trop acculé, il a tendance à se retirer. Dans ce cas, il ne répond pas du tout, ou il prétend ne pas voir le problème et reproche à la femme de tout compliquer. Mais des rôles ainsi distribués bloquent tout échange. Si l'un des deux perçoit un reproche dans les paroles de l'autre, il se met tout de suite sur la défensive, et un échange ouvert devient impossible. La communication a donc besoin d'un fondement spirituel, celui de la confiance et de l'espoir que quelque chose va bouger dans l'autre, et celui de la foi qu'il y a en lui un bon noyau.

Le dévouement

Même s'il est aujourd'hui considéré avec méfiance, le dévouement est une autre attitude spirituelle qui nourrit la relation entre l'homme et la femme. De nos jours, nous sommes critiques vis-à-vis de mères qui se sacrifient complètement pour la famille, en négligeant leurs propres besoins. Cette attitude peut parfois cacher une prétention : Je renonce à tout, à charge pour vous de me rendre quelque chose à votre tour. Se réaliser soi-même compte aujourd'hui plus que se sacrifier. Et cependant, aucune relation ne peut se dispenser du dévouement. Si chacun des partenaires ne tourne qu'autour de la hantise de se réaliser au mieux soi-même, si chaque désir de l'un n'intéresse l'autre que dans la mesure où ce désir est compatible avec ses propres besoins, cela mène à une sorte de « tyrannie de l'authenticité », comme l'a décrite Hans Jellouschek dans son livre intitulé *L'art de vivre en couple*. Il est important aujourd'hui de trouver un bon équilibre entre les deux pôles de la réalisation de soi et du dévouement. Si on absolutise l'un des deux, cela conduit soit à l'égoïsme à deux, soit au renoncement à soi-même. Or, le dévouement est autre chose que le renoncement à soi-même. Jellouschek fait à juste titre le constat suivant : « L'être humain n'atteint son suprême épanouissement que dans le don de soi. Quiconque reste peureusement accroché à soi-même, finit par se perdre le plus radicalement. Celui qui se donne lui-même trouve la plénitude. »

Dans la relation à Dieu, il s'agit également de don de soi, c'est-à-dire d'un engagement total vis-à-vis de lui. Mais nous pouvons nous abandonner aussi au plaisir de la musique, jouer par exemple du violon et oublier quel effet nous produisons sur les autres. Nous devenons médiateurs de quelque chose qui est plus grand que nous. Nous connaissons tous la différence entre le chanteur techniquement parfait, et celui qui fait vraiment passer la musique, par qui « ÇA » chante, et qui nous bouleverse et fait vibrer notre âme. Il en va de même dans la spiritualité. Il y a des gens qui mènent une vie ascétique conséquente ou méditent deux heures par jour, mais le font pour avoir le sentiment d'être des hommes spirituels. Et puis il en est d'autres qui, dans leur impuissance, s'abandonnent complètement à Dieu, et entrent vraiment en contact avec lui. Ils s'oublient eux-mêmes et ne se soucient pas de l'effet qu'ils peuvent avoir sur d'autres. Et c'est précisément ainsi qu'ils se sentent entièrement présents, libres, vivants, emplis d'amour. Il s'agit de s'exercer à cette attitude également au sein du couple. Le don réciproque culmine dans l'union sexuelle qui ne peut réussir que si les partenaires ne se contentent pas de rechercher prioritairement leur propre plaisir. Le don gratuit d'eux-mêmes les rend réellement libres et leur permet d'atteindre le bonheur suprême dans leur union. Mais on ne peut retenir ce bonheur comme une possession. Il faut sans cesse des moments de don de soi pour y accéder. Le don, qui culmine dans la sexualité, a cependant besoin d'être exercé dans le quotidien. Quand la mère s'occupe avec dévouement des enfants, quand elle se charge patiemment des tâches ménagères quotidiennes, quand l'homme soigne avec abnégation sa femme malade, ils ont accès, en ces moments, au bonheur de « s'oublier eux-mêmes ». Georges Bernanos dit que c'est une grande grâce de pouvoir s'accepter soi-même. Nous savons tous combien nous avons de difficulté à nous accepter avec toutes nos limites. Mais la grâce des grâces consiste à pouvoir s'oublier. Car au moment où je m'oublie moi-même, je suis entièrement présent, je ne tourne plus autour de mes besoins, ne me demande plus comment je me sens, et ce que me rapporte mon engagement. Mais je me donne tout simplement et me libère de moi-même. C'est exactement ce que Jésus entend par le renoncement à soi-même : se libérer de la domination de l'ego, qui réfère tout à lui et ne cherche que le propre avantage. Cette attitude spirituelle du renoncement à soi nourrit également la relation entre l'homme et la femme. Dans le don réciproque, chacun est nourri et nourrit à son tour l'autre, sans rien exiger de lui.

Le réalisme et la mesure

Nous pourrions également exprimer plus modestement ce que signifie le concept spirituel du dévouement : il s'agit du réalisme de la mesure, de la modération. Nous utilisons aujourd'hui le mot « modeste » ou « mesuré » souvent dans le sens de « content de peu, sans prétention ». Pour en bien saisir le sens, il peut être utile de penser par exemple à la réaction que l'on peut avoir par rapport à l'avis négatif ou positif émis par un juge à propos d'un sujet qui nous concerne. Être modeste ou mesuré consisterait à se contenter de la mesure préconisée et à ne pas faire valoir d'autres prétentions. De manière analogue, le réalisme de la mesure face au partenaire consiste à ne pas avoir envers lui d'exigences toujours nouvelles, mais à se contenter de ce qu'il est et de ce qu'il peut nous donner. Cette modération n'est pas de la résignation, mais au contraire, de l'estime pour l'autre, de la reconnaissance pour ce qu'il nous donne. Celui qui est incapable de se contenter de ce qu'il a, ne trouvera jamais le repos et ne laisse pas non plus de repos à l'autre. Il l'assaillira de revendications et demandera trop de lui. Le vivre ensemble ne peut réussir que si nous nous contentons de ce que nous sommes en mesure de nous donner l'un l'autre. Cette modestie n'a pas bonne presse aujourd'hui, mais elle conduit à la liberté intérieure et à une attitude de reconnaissance. Si j'accueille ce que l'autre me donne, je peux en jouir pleinement et je découvre dans le geste modeste de l'autre son profond amour.

La relation comme chemin d'exercice (spirituel)

La spiritualité n'est pas un idéal que nous mettons en œuvre, mais plutôt un chemin où nous nous exerçons à nous ouvrir à Dieu et à lui confier toutes les dimensions de notre vie. Le chemin d'exercice spirituel que nous autres bénédictins empruntons est un chemin réaliste qui englobe toute la vie quotidienne. Saint Benoît se méfiait des grands idéaux. Pour lui, la relation et le don de soi à Dieu se manifestent dans des choses très concrètes comme la manipulation soigneuse des instruments de travail, le clair ordonnancement de la journée, et des tâches banales comme servir à table ou faire la vaisselle.

Hans Jellouschek a mis en garde contre la conception néoromantique selon laquelle le mariage garantit un sentiment permanent de bonheur. Il souligne que le mariage n'est pas une

« entreprise porte-bonheur », mais un chemin d'exercice sur lequel on peut souvent faire l'expérience d'une plénitude. C'est dans ce sens que je voudrais aborder ici un certain nombre de domaines qui doivent être pris en compte au long de ce chemin, et dans lesquels nous ne trouvons généralement pas de solution idéale à nos tensions relationnelles. Il s'agit, au contraire, de s'exercer à gérer une tension saine, qui maintient vivante la relation.

La sexualité et l'amour

L'amour tend à s'exprimer dans la sexualité. Dans l'union sexuelle, les couples vivent l'accomplissement, le point culminant de leur amour. Si l'amour exclut la sexualité, il court le risque de se dessécher. Mais il n'y a pas que l'acte sexuel qui approfondit l'amour et renforce la relation. L'érotisme, pour ainsi dire la forme spirituelle de la sexualité, apporte à l'amour entre l'homme et la femme une saine et judicieuse polarité. Dans le pétillement de l'érotisme, les partenaires se sentent attirés l'un vers l'autre, et cette attirance réciproque maintient vivant leur amour. Même dans la vieillesse, l'érotisme et la sexualité continuent à nourrir cet amour. Il est merveilleux de voir des couples âgés se prodiguer de la tendresse, de voir qu'ils ressentent toujours une attirance l'un pour l'autre et vivent une sexualité épanouie. Jadis, on pensait que la sexualité n'était plus de mise pour les personnes âgées. Aujourd'hui, les psychologues nous disent que l'âge ne fait rien à l'affaire et que les anciens peuvent également avoir une sexualité accomplie qui approfondit leur amour, même si elle n'est sans doute plus aussi centrale pour eux. Au fur et à mesure du vieillissement et de la durée de vie commune, le couple prend conscience de ce qui importe vraiment : accepter l'autre de manière inconditionnelle et l'accompagner dans toutes les étapes de sa vie, la maladie et la dépendance comprises.

Il est des périodes où l'homme et la femme ne peuvent pas pleinement vivre leur sexualité, soit à cause d'une maladie ou d'une grossesse, soit parce que surgissent des résistances psychiques. Lorsqu'une femme refuse les relations sexuelles, cela déclenche toujours une crise entre elle et son conjoint. Mais les facteurs extérieurs, qui empêchent l'acte sexuel, constituent également un défi : l'amour est alors invité à ne pas se fixer sur la seule sexualité, mais doit trouver d'autres voies pour s'exprimer et être vécu. L'amour sexuel se transforme ainsi progressivement en amour érotique. Pour que cet amour érotique ne perde pas sa force, surtout lors d'une maladie, il lui faut aussi une dimension spirituelle. Mais qu'est-ce que cela signifie ? Dans une telle situation, je peux me poser un certain nombre de questions : Qu'est-ce qui me pousse, au plus profond de moi-même, à aimer ma femme ? Est-ce uniquement son attractivité sexuelle ? Ou sa beauté ? En m'interrogeant ainsi, je finirai par atteindre les couches les plus profondes de mon amour pour elle. Je l'aime telle qu'elle est, avec toutes ses limites. Je dis « oui » à sa personne, à son être, à ce qui la rend unique, indépendamment de son attractivité sexuelle. Même si la sexualité est une source importante pour nourrir l'amour et le maintenir vivant, l'amour au sein du couple s'orientera de plus en plus vers une autre dimension, spirituelle en fin de compte. L'amour reste vivant quand il se transforme en acceptation inconditionnelle de l'autre, en disponibilité à tout partager avec lui, même la maladie et la dépendance.

Le désir et la passion

Le désir constitue une dimension essentielle de la sexualité. Il y a aussi la convoitise, condamnée aussi bien par le christianisme que par le bouddhisme. Si je convoite une personne, je l'utilise pour moi et mes besoins. Mais le désir signifie autre chose que l'excitation et la convoitise : telle personne me plaît, m'attire. Je la désire. Je voudrais l'aimer passionnément et me languis d'elle. Quand la femme sent que l'homme la trouve attirante et désirable, elle se sent valorisée et éprouve comme une force intérieure le pouvoir qu'elle a sur lui, le désir qu'elle déclenche en lui et qui approfondit son amour, en le faisant devenir passionnel et érotique. Et cela vaut tout autant pour l'homme.

Emmanuel Levinas a compris le désir comme un acte de se libérer de soi-même. Dans le désir, le Moi s'oriente vers l'Autre et remet ainsi en question l'identification égocentrique de soi à soi. Le désir éloigne l'homme de lui-même et l'oriente vers la femme. Mais simultanément, l'homme sait que son désir ne sera jamais assouvi complètement. Après chaque acte sexuel renaît un nouveau désir, une nouvelle nostalgie de la femme et de l'union charnelle avec elle. Levinas dit à ce propos : « Le désirable n'apaise pas mon désir mais le creuse, me nourrissant, en quelque manière, de nouvelles faims. » Chaque acte de désir suscite en moi la nostalgie d'un amour absolu, d'un amour plus profond encore, de l'expérience de la beauté, de l'extase et de l'union.

Mais la tradition juive distingue entre un désir qui sauvegarde le mystère de l'autre et s'abandonne à lui, et un désir où on ne tourne qu'autour de soi et de son excitation. Au XIIIe siècle, le célèbre rabbin Nahmanide écrit à ce propos : « Quand un homme est attaché en toute sainteté à sa femme, la présence divine se manifeste en eux. Dieu est présent dans le mystère de l'homme et de la femme. Mais s'ils ne sont qu'excités, la présence divine les quitte et un feu les consume. » « Être attaché en toute sainteté à sa femme », cela inclut la sexualité. Mais il s'agit d'une manière « d'être attaché » qui prend en compte et respecte la dimension sacrée dans la femme. Est sacré ce qui est soustrait à mon emprise. Il s'agit du noyau le plus intime de l'autre que je ne peux que respecter et vénérer, mais jamais posséder. Si je m'abandonne de cette façon à la femme, je puis faire l'expérience de Dieu en cet amour. Mais si je ne tourne qu'autour de moi et de mon excitation, un feu jaillit qui va flamboyer un bref instant, puis s'éteindre et me laisser avec le sentiment d'être consumé.

Le désir ne trouve jamais un plein accomplissement. Il suscite sans cesse en nous la nostalgie d'un amour plus grand encore. Cette nostalgie maintient vivant notre amour et nous rend capables d'aimer l'autre même si nous savons qu'il ne pourra jamais satisfaire complètement nos attentes et nos exigences. Ainsi la nostalgie est, d'une part, une force qui ne cesse de nous pousser à nous abandonner à notre partenaire et à goûter son amour. D'un autre côté, elle entend nous entraîner au-delà de cet amour et nous faire entrer dans l'amour divin infini. La nostalgie ne pourra jamais être totalement assouvie par l'homme ou la femme. Elle contient déjà un renvoi à l'amour de Dieu, dans lequel l'amour pour le partenaire trouvera son accomplissement. Mais cela ne signifie pas que la nostalgie nous fait passer outre l'amour que nous éprouvons et que nous recevons du partenaire. L'expérience de l'amour érotique et sexuel stimule sans cesse notre nostalgie de l'amour divin sans limites.

Et cette nostalgie nous réconcilie avec l'amour concret dont nous pouvons faire l'expérience entre nous. Nous sommes reconnaissants pour ce que nous pouvons nous donner réciproquement. Dans chaque union amoureuse et dans l'amour au quotidien, nous nous renvoyons l'un l'autre à l'amour qui est plus grand que nous-mêmes.

LA CHASTETÉ ET LE CÉLIBAT, LA PURETÉ ET LA TRANSFORMATION

La tradition chrétienne a souvent assimilé chasteté et abstinence, et exigé la chasteté surtout des célibataires. C'est là une vue trop unilatérale. La chasteté ne signifie pas nécessairement le renoncement à la sexualité, mais un comportement adéquat en matière sexuelle et une juste gestion de l'énergie sexuelle. Quelqu'un peut être considéré comme vivant un amour chaste lorsqu'il vise l'autre en tant que personne, ne l'utilise pas simplement pour soi et ses besoins, mais l'aime en son unicité personnelle. On pourrait décrire la chasteté comme une attitude qui ne prend pas possession du partenaire et de son corps. La sexualité est chaste lorsque nous nous donnons à l'autre, au lieu de l'utiliser pour la simple satisfaction de nos besoins sexuels. Elle renforce et élargit la force d'aimer. Elle nous donne de percevoir dans l'autre personne une dimension sacrée, soustraite à notre emprise.

Dans l'Antiquité, la sexualité avait aussi toujours une portée cultuelle, dans la mesure où elle a trait au respect et à la vénération. Ce profond respect au sein de la relation sexuelle est une caractéristique essentielle de la sexualité vécue chastement. Être chaste ne signifie donc pas renoncer à la sexualité, mais la vivre dans une attitude qui vise vraiment l'autre en son altérité. Elle n'est pas entachée de convoitise ni d'un attachement désordonné menant à la dépendance, mais respecte et honore l'autre. En dernière instance, la chasteté consiste en une sexualité de part en part personnelle, c'est-à-dire où nous nous exprimons en tant que personnes et où nous visons l'autre en tant que personne. Chaque fois que nous utilisons l'autre comme objet de notre violence, pour la satisfaction exclusive de notre plaisir, ou pour l'évacuation de notre stress, la relation sexuelle cesse d'être chaste.

Au cours de l'histoire des religions, et pas seulement de celle de la religion chrétienne, la chasteté a souvent été assimilée à la continence. Il est vrai cependant que la plupart des religions n'imposaient la continence que pour des périodes limitées et des situations bien circonscrites, comme avant un combat ou un sacrifice, ou en tant que préparation à un effort de concentration particulière. L'abstinence temporaire était donc au service de buts bien précis. Quand elle est ainsi assumée consciemment, la continence temporaire peut intensifier la sexualité et l'élever en même temps à un autre niveau.

Dans l'Église catholique, on associe la chasteté surtout au célibat. Mais il faut bien distinguer entre le célibat des moines ou des religieux et religieuses, et celui des prêtres séculiers. Alors que la vie monacale est liée comme telle au célibat, le lien obligatoire entre le sacerdoce ministériel et le célibat pourrait ne pas exister. Il s'agit là d'une tradition liée au droit canonique, qui pourrait être abrogée. Mais que ce soit dans les ordres monastiques et les congrégations religieuses ou dans la vie sacerdotale, le célibat a sans nul doute conduit à une nouvelle approche de la sexualité. Il ne peut en effet être vécu de manière authentique que si les célibataires se réconcilient avec leur sexualité et l'intègrent à leur vie spirituelle. Même si nombre d'entre eux ne réussissent pas cette intégration et en viennent souvent à condamner ou à dévaloriser la sexualité, où à s'y adonner de manière clandestine, le célibat des moines, des religieux et des prêtres n'en constitue pas moins un défi à transformer la sexualité en spiritualité, en une forme de vie donc qui rend visible l'amour de Dieu.

Cela ne peut réussir cependant que si quatre conditions sont remplies. Pour que la sexualité puisse être transformée en spiritualité, il faut une bonne culture de vie. Elle commence par l'habitat, la façon de se nourrir et la manière dont on organise sa journée, et peut se traduire par exemple par le sens de la musique et de la peinture, de la poésie et de l'architecture. Pour bien intégrer la sexualité, il faut ensuite de bonnes relations humaines, un cercle d'amis, hommes et femmes, dont on peut accepter la proximité sans vouloir les conquérir ou les posséder. La sexualité a également besoin d'être transformée en créativité. Des religieux qui gèrent leur travail et leur vie de manière créative réussissent aussi le plus souvent à bien assumer leur sexualité. Le quatrième pas consiste à accéder à une spiritualité mystique. Il ne suffit pas de simplement accomplir certains devoirs religieux. Il faut également avoir le désir et l'intuition de la plongée extatique en Dieu, la nostalgie de l'union avec Dieu pouvant se référer à celle de l'union avec la femme ou l'homme et la transformer.

Le problème aujourd'hui, c'est que peu de gens comprennent qu'on puisse librement choisir une vie célibataire. Le célibat n'est plus porté par les fidèles de la communauté chrétienne. Cela est sans doute dû en partie au fait que certains célibataires vivent mal leur situation, mais aussi au manque de sensibilité pour la transformation de la sexualité en spiritualité. Aujourd'hui, pour la plupart des gens, l'opinion prévaut selon laquelle il faut à tout prix avoir des relations sexuelles pour demeurer sain, psychiquement et physiquement. J'ai personnellement constaté que des gens mariés, heureux dans leur vie de couple, sont tout à fait à même de comprendre ma vie célibataire.

Mais certaines femmes, qui ne peuvent pas vivre sans la compagnie d'un homme, me demandent, souvent sur un ton agressif, comment je fais pour mener une vie célibataire qui ne peut que m'inhiber ou me rendre malade. En vérité, les célibataires et les gens mariés peuvent fort bien se compléter. Les gens mariés demandent aux célibataires comment ils gèrent leur sexualité de manière adéquate. Et les célibataires encouragent les gens mariés à ne pas se fixer sur la seule sexualité, mais à considérer l'amour dans un horizon plus large. Il ne s'agit pas de savoir ce qui est « meilleur » ou « moins bien », ni de procéder à des classifications du genre « plus spirituel » ou « plus mondain ». Célibataire ou marié, chacun de nous doit trouver son chemin vers Dieu. Et ce chemin ne peut mettre entre parenthèses la sexualité.

Pas de refoulement

Les gens mariés expriment leur amour réciproque dans la sexualité, qui en est la traduction la plus haute. Si la sexualité pose problème entre les époux, ils doivent trouver d'autres formes d'expression pour leur amour. Le célibataire ne peut ni supprimer ni refouler sa sexualité, mais doit, soit la sublimer en la transformant en un amour émotionnel de Dieu, soit l'intégrer en infusant son énergie à tout ce qu'il fait et ressent.

Ce qui est plus important encore que la sexualité, c'est l'amour et la capacité de nouer des relations. Le célibataire n'est ni dépourvu de relations ni privé d'amour. Celui qui cache son manque de relations sous le manteau religieux du célibat, va à coup sûr à l'échec. Car ce faisant, il ne transforme pas la sexualité, mais simplement la compense. Il est en quête d'un *ersatz* pour sa vie. Sa sexualité refoulée ou négligée va alors se manifester dans sa manie de briller, ou dans d'autres comportements compulsifs. La question si préoccupante de l'abus sexuel perpétré par des prêtres, mais aussi par des enseignants, des éducateurs et des thérapeutes, est liée au refoulement de la sexualité, qui cherche un exutoire, souvent auprès de personnes plus faibles. Le refoulement de la sexualité conduit fréquemment à l'identification aux images archétypiques du soignant et du guérisseur. C. G. Jung fait remarquer que celui qui s'identifie ainsi à une image archétypique, ne voit plus qu'il est en train de satisfaire ses besoins inconscients. Lorsqu'un enseignant, un éducateur ou un prêtre procède ainsi, il peut être amené à vivre sa sexualité en abusant des enfants, sans avoir conscience du caractère condamnable de sa façon d'agir. Ce qui fait la dangerosité de l'abus, c'est que la personne concernée ne se l'avoue pas à elle-même, face à sa propre conscience morale, dans la mesure où elle a pour ainsi dire valorisé spirituellement et existentiellement ce geste « d'aider et de guérir ».

C'est pourquoi il faut de l'humilité pour prendre conscience de sa propre sexualité, pour la gérer de manière avisée et pour être ainsi à l'abri du comportement inexcusable que nous venons de brièvement évoquer.

Les gens mariés comme les célibataires doivent trouver des moyens pour transformer la sexualité en amour et pour en investir l'énergie dans leurs relations. Cela vaut d'une part pour la relation à soi-même, qui devrait avoir une connotation érotique : j'ai le droit de me sentir bien dans mon corps. Cela vaut également pour les relations à autrui. La sexualité nous révèle que nous sommes constitutivement référés à d'autres personnes. Nous ne voulons et ne pouvons avoir de rapports sexuels avec chaque personne qui nous est sympathique, mais la sexualité joue un rôle dans nos relations. Elle se transforme en érotisme qui leur confère force et vitalité. Et la sexualité doit influer également sur notre lien aux choses, en nous permettant de les percevoir et de les apprécier avec tous nos sens. Enfin, elle doit aussi être intégrée à notre relation à Dieu, ce à quoi invite la spiritualité mystique.

La sexualité et l'érotisme entendent maintenir vivant en nous l'amour. Sans l'amour, notre vie se dessécherait, que ce soit dans le célibat ou dans le mariage. L'amour se trouve également au centre du message de Jésus. Selon les Évangiles, Jésus lui-même était célibataire, ce qui ne l'empêchait pas d'avoir de bonnes relations avec les femmes qui, comme les hommes, se mettaient à sa suite pour devenir ses disciples. Et il eut, de toute évidence, une relation privilégiée avec Marie de Magdala, de même qu'avec les deux sœurs Marie et Marthe. Jésus avait une grande estime pour le mariage. Plusieurs de ses paroles le prouvent. Dans son attitude à propos du divorce, il apparaît clairement qu'il veut défendre le mariage entre l'homme et la femme, car c'est le chemin voulu par Dieu pour tous les êtres humains, y compris les chrétiens. Mais Jésus évoque également le célibat: « Il y a, en effet, des eunuques qui sont nés ainsi du sein de leur mère, il y a des eunuques qui le sont devenus par l'action des hommes, et il y a des eunuques qui se sont eux-mêmes rendus tels à cause du Royaume des Cieux » (Mt 19,12). Les maîtres juifs parlent également de célibataires impropres au mariage depuis leur naissance. Les rabbins les appellent des « eunuques par la main de Dieu ». Et puis il y avait au temps de Jésus, surtout dans la sphère culturelle grecque, des castrats qui s'étaient châtrés eux-mêmes. En Israël, la castration était interdite, mais Jésus parle d'une tout autre castration. Il est des hommes qui sont inaptes au mariage à cause du Royaume des Cieux, qui est si décisif à leurs yeux que tous les autres besoins humains passent à l'arrière-plan. Leur expérience de Dieu, demeurant en eux et ayant pris possession d'eux, les fascine au point qu'ils en sont tout emplis et deviennent pour ainsi dire inaptes au mariage. Jésus n'en fait pas une norme, mais parle aussi bien du mystère du mariage que du mystère du célibat. Le mariage comme le célibat ne peuvent réussir sans efforts, et seulement si nous y aménageons un espace pour Dieu. Jésus laisse à chacun le libre choix: « Celui qui peut comprendre, qu'il comprenne! » Le célibat était plutôt étrange pour le judaïsme. Ainsi, le rabbin Ben Azzai a dû défendre son célibat contre certains reproches qu'on lui faisait: « Qu'y puis-je? Mon âme est attachée à la Torah; que d'autres veuillent bien veiller à faire subsister le monde! » Jésus laisse la décision du choix entre célibat et mariage à l'appel que chacun perçoit individuellement. Dans d'autres religions, il existe un célibat pour un temps délimité, soit avant le mariage, soit après une longue phase de vie conjugale. Si nous voulons rendre justice aux paroles de Jésus, nous devrions, nous aussi, laisser derrière nous la régulation juridique et donner plus de place à l'appel personnel de chacun.

Une communication vivante et profonde

Les thérapeutes spécialisés dans l'accompagnement de couples ont établi un certain nombre de règles de jeu pour une bonne communication entre partenaires. L'une de ces règles éprouvées consiste par exemple à énoncer des messages à la première personne, c'est-à-dire à parler de soi et de ses propres sentiments, au lieu de parler de l'autre. Il s'agit surtout de décrire les propres sentiments face au comportement de l'autre, sans pour autant qu'il fasse immédiatement l'objet d'un jugement. Dès qu'il y a évaluation ou condamnation, la communication souffre. La tendance à moraliser constitue l'un des plus fréquents facteurs de sa perturbation. Nous faisons des remontrances à l'autre, lui indiquant comment il devrait se comporter, et nous essayons de lui faire éprouver des sentiments de culpabilité. En agissant de la sorte, nous cherchons à exercer un pouvoir sur autrui. Dans ce qui suit, je ne voudrais pas m'étendre sur ces règles normales pour une bonne communication, mais plutôt me concentrer sur le lien entre une communication réussie et la spiritualité.

Ce que j'entends ici par spiritualité, ce n'est pas que nous nous entretenions explicitement sur la foi ou que nous ayons des échanges sur la Bible, ce qui est certes une bonne façon d'entrer en contact les uns avec les autres, et de parler de ce qui nous porte en profondeur. Mais, dans ce contexte, j'entends par spiritualité quelque chose de plus général : l'échange sur nos désirs les plus cachés, sur nos expériences les plus profondes, sur le fondement de notre vie. En ce sens, tout homme est spirituel. Introduire la spiritualité dans la communication, c'est être prêt à aborder ces choses tout à fait personnelles. Il est important de ne pas s'en tenir seulement aux questions de tous les jours, mais d'échanger sur ce qui nous importe et nous soutient vraiment, et que nous désirons au tréfonds de nous-mêmes. La spiritualité a ainsi trait à la dimension la plus intime de nos relations. Et c'est précisément cela qui est souvent exclu de nos échanges. Il faut beaucoup de délicatesse pour appréhender les expériences et les désirs des autres et pour pouvoir parler de ce qui nous tient le plus à cœur, de ce dont nous avons la secrète nostalgie.

Friedrich Hölderlin a écrit un merveilleux poème dans lequel il esquisse aussi une perspective spirituelle pour la communication au sein du mariage :

> « L'homme a beaucoup appris, des Célestes beaucoup nommés,
> Depuis que nous sommes en dialogue
> Et que nous pouvons nous écouter les uns les autres. »

Hölderlin ne se contente pas de dire que nous menons un dialogue au sens que nous parlons les uns avec les autres, mais que nous *sommes*, littéralement, un dialogue. Si tel est le cas, nous apprenons beaucoup sur le mystère de l'homme et celui des Célestes, sur le mystère de Dieu. Nous accédons ainsi à une compréhension plus profonde de la vérité de l'homme et de la vérité de Dieu. La possibilité *d'entrer* en dialogue présuppose que nous ne nous contentions pas de nous écouter superficiellement les uns les autres, mais prenions vraiment en compte ce que l'autre a à nous dire, et que nous y découvrions avec plus de finesse une part de son itinéraire et de ses expériences.

Dialoguer va au-delà du simple fait d'articuler des mots. En parlant, nous donnons quelque chose à voir à l'autre, nous lui communiquons ce que nous ressentons. Ainsi, notre voix peut trahir une part de nos émotions. Échanger de la sorte crée une sorte de communauté entre les locuteurs, noue entre eux des liens profonds. La formule « nous sommes en dialogue » signifie donc en premier lieu que nous faisons l'expérience d'une nouvelle qualité de notre être ensemble, que nous nous sentons unis de plus en plus les uns les autres. Et cela signifie aussi que nous recevons et accueillons l'échange comme un cadeau. En écoutant et en parlant, nous nous découvrons des liens intimes qui perdurent après l'échange. « Nous sommes en dialogue », cela signifie qu'une communion est née entre nous, dans laquelle chacun s'ouvre à l'autre, et où nous nous sentons unis au plus profond de notre être. En nous confiant ainsi, en nous ouvrant aux autres, nous découvrons l'ouverture à Dieu qui nous unit au fond de notre âme.

Hans-Georg Gadamer, le maître si subtil de l'herméneutique philosophique, a dit un jour que nous ne « menons » pas de dialogue, mais que nous nous y trouvons engagés comme malgré nous; qu'avant de le commencer, nous ne savons pas où il va nous entraîner mais que, s'il s'agit d'un dialogue authentique, il nous transformera. Personne n'entame de dialogue en étant persuadé d'être en possession de la vérité et d'avoir à en convaincre l'autre. Au contraire, la vérité advient pendant l'échange. Soudain tous les partenaires de l'échange voient plus clairement telle ou telle chose : la vérité se révèle.

Dans l'échange il s'agit d'entente mutuelle. J'essaie de comprendre ce que l'autre exprime en son langage et m'interroge sur l'expérience vécue qui se tient derrière ses mots. Je tente de me mettre à sa place pour ressentir son vécu de l'intérieur. En même temps je me demande si je n'ai pas fait des expériences similaires et comment je les exprimerais avec mes mots à moi. Ainsi, dans un échange authentique, il n'est jamais question de savoir qui a raison, mais il s'agit de s'entendre sur ce que contiennent de vécu les expériences de chacun. Or cela se soustrait à toute emprise, et est un mystère qui nous dépasse. Appliquer les vues du poète Friedrich Hölderlin et du philosophe Hans-Georg Gadamer aux relations d'un couple, c'est s'astreindre à une écoute attentive de l'autre, afin de découvrir ce qui lui tient à cœur. Ce n'est qu'ainsi que nous pouvons avoir part à son histoire. Et c'est aussi s'efforcer de parler judicieusement pour que quelque chose de commun puisse naître, quelque chose de plus grand que les deux partenaires engagés dans l'échange. Si cette attention dans l'écoute et l'échange est au rendez-vous, les deux partenaires ne parlent plus seulement l'un *avec* l'autre, mais *sont en* dialogue. Une réalité mystérieuse a lieu alors : l'entente. Tous deux se portent garants l'un de l'autre, et trouvent un terrain commun qui les porte. Mais ce fond qui les porte les dépasse : c'est Dieu lui-même à travers leur échange.

Solitude, différences, points communs

Dans le poème intitulé « Kleines Solo » (Petit solo) d'Erich Kästner, on peut lire ce qui suit : « Tu rêves du bonheur. Et tu vis dans le chagrin. / Isolé, tu te sens très seul – / Mais il y a pire : la solitude à deux ». Il s'agit d'un poème sur la disparition progressive d'une espérance d'amour, que bien des gens redoutent. Jürg Willi, psychothérapeute spécialisé dans l'accompagnement des couples, le confirme en se référant à son expérience professionnelle : « Certaines personnes se sentent plus seules et plus privées de relations dans leur mariage que si elles étaient célibataires. » Quel contraste avec ce que vivent de nombreux couples au début de leur relation, quand les partenaires veulent traverser la vie ensemble et tout partager. Mais malgré tout ce qui leur est commun, ils se sentent assez souvent seuls. Or, la solitude a un double visage : celle qui naît du constat douloureux que le partenaire manque de réactivité, mais celle aussi qui existe dans le mariage, et que l'on ne peut contourner. Les partenaires désirent tout partager, mais cela n'est possible que si chacun accepte également sa propre solitude. Les conjoints ont décidé de partager leur vie et toutes leurs expériences, et constatent soudain une réalité bien différente. Chacun des deux ne comprend pas vraiment l'autre, a l'impression qu'il ne le voit pas tel qu'il est en profondeur. L'ennui survient, le sentiment d'un mur entre eux: la solitude à deux. Il vaut mieux, si l'un des partenaires s'en rend compte, ne pas en reporter la responsabilité sur l'autre, ce qui ne ferait qu'exacerber la mésentente. Il s'agit de se réconcilier avec la solitude, qui est une partie intégrante de l'être humain. Même si l'on se sent très proche de l'autre, il y a des domaines dans lesquels il ne peut pénétrer et qu'il ne comprend pas. Si nous acceptons cette situation, nous pouvons jouir avec gratitude de la communion avec lui et constater avec bonheur que maintes choses essentielles nous unissent.

Il est une autre expérience que font de nombreux gens mariés, qui, lors d'une rencontre, sentent de profondes affinités avec quelqu'un d'autre. La femme rencontre un homme avec qui elle peut avoir des échanges sur la spiritualité. Son mari fait la connaissance d'une femme qui ne le critique pas, mais le fait entrer en contact avec sa force, sa créativité, sa sensibilité spirituelle. De telles amitiés peuvent enrichir le mariage, mais peuvent aussi déclencher une crise. Le mari devient jaloux de sa femme qui peut échanger avec un autre homme sur des sujets dont elle ne lui parle pas. La femme devient jalouse de son conjoint et se croit trompée par lui, parce qu'elle le voit en phase avec une autre femme. La naissance de telles sympathies mène toujours à un difficile exercice d'équilibre. Elles peuvent conduire à l'échec du mariage, tout comme elles peuvent contribuer à sa réussite.

Pour qu'il puisse y avoir réussite, deux conditions sont incontournables. La première est que l'amitié respecte des limites bien précises, qu'elle n'entre pas en concurrence avec le mariage, c'est-à-dire qu'elle ne se transforme pas en une relation sexuelle. La seconde est que les partenaires prennent conscience de leurs propres limites. Si l'homme s'avoue à lui-même qu'il n'est pas tellement doué en matière spirituelle et qu'il ne peut en parler que dans une mesure très restreinte avec sa femme, ou si la femme comprend qu'elle ne peut pas satisfaire tous les besoins de son mari, alors l'amitié avec une autre femme ou avec un autre homme peut s'avérer bénéfique pour leur mariage. Et il faut que chacun éprouve de la reconnaissance pour ce qu'il lui est donné de partager avec l'autre, pour sa fiabilité de tous les jours et pour son amour. Par contre, si l'homme noue un lien d'amitié avec une autre femme, en faisant à la sienne le secret reproche de ses déficits et ne l'accepte pas vraiment, tandis que l'autre femme le comprend, alors cette amitié-là met le mariage en danger et il vaut mieux, dans ce cas, consulter un tiers, un ami ou un thérapeute.

Normalement, la vie de couple profite du fait que les partenaires ont des talents et des dispositions variés. Ces différences peuvent avoir trait à leur caractère, à leur origine, à leurs intérêts ou à leur orientation religieuse, et peuvent générer une saine tension entre les partenaires, stimuler leur mariage et approfondir leur amour. Bien sûr, il peut y avoir des différences si profondes qu'aucune communion n'est possible. Mais toutes ces spécificités propres à chacun constituent un défi à échanger sur de nombreux sujets, à prendre en compte les besoins et les expériences de l'autre, à se remettre en question et à se laisser également enrichir de tout cela. Ce qui est décisif cependant, c'est que les deux partenaires acceptent l'autre en son altérité et apprécient ce qui l'intéresse passionnément. En revanche, si l'un met l'autre sous pression pour qu'il ait les mêmes opinions et les mêmes goûts, alors les différences donneront lieu à des querelles permanentes.

Il arrive parfois qu'une femme me raconte qu'elle a un ami avec qui elle s'entend bien, mais dont elle déplore qu'il manque de sensibilité religieuse ou n'ait pas d'enracinement ecclésial, ou qu'il soit baptisé sans pour autant être pratiquant. Elle me demande si le chemin en commun peut réussir si l'autre n'a pas la foi. Je lui conseille alors de se dire que si la foi est importante pour elle, elle doit en tout état de cause en parler à son ami. Qu'il n'a pas besoin d'avoir le même arrière-plan spirituel, mais qu'elle est en droit d'attendre de lui qu'il prenne au sérieux son chemin spirituel à elle, l'accepte, et fasse preuve, non seulement de tolérance, mais aussi d'intérêt et d'ouverture vis-à-vis d'elle et de cette part importante de sa vie, qu'il respecte ses choix et les prenne au sérieux, même s'il n'a pas envie de les adopter. Certains hommes refusent la spiritualité parce qu'ils ne sont pas prêts à se confronter en profondeur à leur propre vie intérieure. Si j'ai l'impression que l'autre n'a qu'une vie superficielle, je suis bien inspiré de me poser la question de savoir si une vie commune est envisageable. Ce qui nous unit est-il assez fort pour surmonter cette distance intérieure? Ou ai-je peur d'être laissé seul sur mon chemin spirituel? Et alors, ne finirai-je pas par l'abandonner un jour? De telles questions nécessitent qu'on en parle ensemble et qu'on trouve une réponse adéquate. On ne peut pas dire de prime abord que le mariage ne sera pas heureux si les deux partenaires ont des visions et des visées très divergentes sur le plan spirituel. Mais ils doivent clarifier la manière de se réconcilier avec la spiritualité de l'un ou de l'autre. Jadis, de nombreux catholiques rencontraient des problèmes quand leur partenaire était de confession protestante. Cela ne pose plus guère de problème aujourd'hui. Il reste cependant nécessaire de trouver un accord en ce qui concerne la fréquentation de l'église et le baptême. En effet, on ne peut faire baptiser les enfants que dans une seule confession. Les choses se compliquent quand le partenaire professe une autre religion. Dans ce cas, il est vraiment conseillé de bien réfléchir aux chances de réussite d'une union. J'ai rencontré des femmes qui se sont mariées à un musulman parce qu'elles l'aimaient passionnément. Mais elles n'avaient pas compté avec les conséquences sociales et culturelles que la religion musulmane peut impliquer pour la relation à la partenaire et aux enfants.

Mais j'ai également rencontré le cas d'une femme croyante et d'un homme non baptisé et athée qui se sont entendus à merveille. En fait, la femme avait toujours eu le désir de trouver un partenaire croyant. Mais une première amitié avec un jeune homme qui tenait beaucoup à la religion avait échoué. La foi partagée n'est donc pas, à elle seule, une garantie de la réussite d'une relation. Car il arrive parfois que des hommes cachent derrière leur foi leur manque de relations et de clarté. En échangeant avec son mari incroyant, mais ouvert et intéressé par sa foi, elle était amenée inlassablement à se poser les questions suivantes : À quoi est-ce que *je* crois vraiment ? Que me donne ma foi ? Pourquoi est-ce que je crois ? Et comment voudrais-je vivre cette foi concrètement ? Si deux conjoints s'ouvrent l'un à l'autre, leur orientation spirituelle et religieuse différente peut enrichir leur vie commune. Mais il existe aussi suffisamment de cas où l'un va vouloir convaincre l'autre et leur orientation différente finira alors par peser sur la relation.

DÉVELOPPER DES STRUCTURES

Il n'est pas de mariage ni de vie en couple sans tensions ou conflits. Savoir les gérer fait partie de l'art d'évoluer et de mûrir ensemble. Il est important de ne pas en rendre responsable le conjoint : « C'est ta faute. J'essaie de vivre en paix. Je cède tout le temps. Mais toi, tu n'es jamais content de ce que tu as. » De tels reproches empoisonnent l'atmosphère. Si un conflit surgit, les deux partenaires doivent toujours avoir conscience que l'autre a le droit de penser et de ressentir les choses différemment, et que ce n'est pas une raison pour lui faire porter la responsabilité de la mésentente. Le conflit peut se révéler une chance de dépasser les points de friction superficiels et d'en venir à une profondeur où les points de vue divergents n'ont plus qu'une importance mineure. On n'a pas forcément besoin d'être du même avis. Et l'harmonie de tous les instants n'est pas non plus indispensable. Les conflits conduisent immanquablement à des frictions et peuvent nous user, mais aussi nous rapprocher. Ils mènent souvent à une plus grande chaleur dans l'amour.

Les thérapeutes parlent de la nécessité d'une bonne culture du débat au sein des couples. Quand des gens vivent en grande proximité, ils ne peuvent se contenter de faire l'impasse sur tous les problèmes. Être d'un avis différent n'est pas en soi quelque chose de négatif. L'altercation à propos de thèmes qui touchent et préoccupent les conjoints peut s'avérer stimulante et rendre plus vivante la relation. Le fait d'avoir des différends montre qu'on continue à s'intéresser l'un à l'autre. Certes, le thérapeute Hans Jellouschek évoque également les couples querelleurs, où aucun des conjoints ne décroche car chacun veut coûte que coûte avoir toujours raison. Une querelle qu'on aborde avec la ferme conviction et la prétention d'avoir raison ne peut qu'être stérile. Il est important, au contraire, de laisser s'affirmer clairement les points de vue respectifs. À propos de certaines divergences, on peut fort bien en venir à un dénominateur commun. Pour d'autres, il s'agit de ne pas y toucher, de les laisser telles quelles. Nous pouvons accepter l'autre, même si nous ne parvenons pas à tomber d'accord avec lui sur certaines choses. En laissant s'affirmer les points de vue différents, nous accédons à une position commune, plus vaste et plus stable que l'étroit point de vue de chacun. En dépit de toutes les différences et divergences, nous découvrons le fondement commun sur lequel nous nous tenons.

La jalousie

De nombreux couples sont confrontés au problème de la jalousie, cause de fréquentes querelles. Une femme me raconta un jour qu'elle était jalouse de la secrétaire de son mari avec qui il passait huit heures par jour sur son lieu de travail, et que cette jalousie, qu'elle ne parvenait pas à contrôler, lui faisait s'imaginer qu'il pouvait avoir une relation intime avec sa secrétaire. Elle lui en faisait souvent le reproche et le harcelait de questions, et lui ne cessait d'assurer que c'étaient là des suppositions dénuées de tout fondement. Mais la femme n'en continuait pas moins à réagir de façon ambivalente. D'une part, elle lui faisait confiance, mais dès qu'il était sur son lieu de travail, les fantasmes de jalousie reprenaient souvent le dessus, et elle avait le sentiment de mettre ainsi en péril son mariage. Elle craignait en effet qu'un jour ou l'autre son mari ne se fatigue d'avoir sans cesse à se justifier.

La jalousie est souvent considérée comme quelque chose de négatif. Dans le *Zohar* (ou *Livre de la Splendeur*), œuvre de la mystique juive, on trouve pourtant la phrase suivante : « Celui qui aime sans être jaloux n'aime pas vraiment ». En l'occurrence, cette phrase pourrait libérer la femme de sa mauvaise conscience, dans la mesure où sa jalousie est l'expression de son grand amour pour son mari. Mais elle voudrait néanmoins trouver un chemin pour gérer sa jalousie de manière qu'elle ne devienne pas un fardeau pour son mariage. Que faire ? Il est primordial d'en parler. En effet, la jalousie implique le désir de voir l'autre n'exister que pour nous, le souhait d'être pour lui la seule personne qui compte, qu'il aime et respecte. En nous avouant ce désir en le formulant, nous nous rendons compte à quel point il est irréaliste. Nous ne pouvons pas disposer de l'autre ni le contrôler, car c'est une personne libre. Il est évident que notre conjoint parle aussi à d'autres femmes ou à d'autres hommes. Mais en repensant à la parole du *Livre du Zohar*, nous ne nous condamnons plus nous-mêmes à cause de notre jalousie mais y voyons plutôt l'expression de notre amour, tout comme de notre besoin exagéré de sécurité absolue. En reconnaissant ce besoin, nous le relativisons. Parler de la jalousie nous mène, en dernière instance, à une dimension spirituelle, nous montre que nous n'avons pas de garantie que notre partenaire ne s'intéresse pas aussi à d'autres hommes ou femmes. Nous ne pouvons qu'avoir confiance qu'il nous aime et avoir la certitude que Dieu bénit notre amour. Nous ne nous rendons plus alors complètement dépendants de l'affection de notre conjoint, mais avons conscience que nous sommes également aimés de Dieu, que nous sommes des êtres uniques et avons de la valeur à ses yeux. Ce sentiment d'être à l'abri en Dieu peut progressivement transformer notre jalousie. Quand elle se manifeste, elle nous rappelle d'une part notre profond amour du conjoint, et, de l'autre, notre désir de trouver en Dieu un amour qui n'est pas fragile, sur lequel nous pouvons nous appuyer à tout jamais.

Quelle que soit la manière de gérer la jalousie, elle ne manquera pas de se manifester et de générer des souffrances en nous, mais celles-ci pourront approfondir notre amour de l'autre. Il n'y a pas d'amour passionnel sans souffrance. Les mystiques du Moyen Âge considéraient la passion de Jésus comme l'expression de son intense amour pour nous les hommes, lui donnant même une dimension physique en n'éludant pas la souffrance. Certes, il ne recherchait pas la souffrance comme telle, mais la transformait en amour. Les couples peuvent faire une expérience similaire. Si l'un des partenaires ressent douloureusement de la jalousie, injustifiée mais obstinée, il s'agit pour lui de ne pas lutter contre elle, mais de se laisser guider par elle dans le tréfonds de son cœur, où y aura rencontre avec l'être aimé et où l'amour gagnera en profondeur et en générosité. Et la souffrance, dont nous faisons l'expérience dans notre amour pour l'autre, nous ouvrira en dernière instance à Dieu, qui est Amour. Mais ce chemin de d'exercice spirituel est différent du chemin de l'illumination, proposé par le bouddhisme, que l'on essaie d'atteindre grâce à une plongée méditative en soi-même. Quant au chemin de l'amour, il passe par la souffrance, et au bout du compte, par la croix. Ainsi, la croix finit par être l'image par excellence de l'exercice spirituel qui consiste à apprendre à aimer.

FAUTE ET RÉCONCILIATION

Que nous le voulions ou non, nous ne cessons de nous blesser mutuellement dans une vie de couple. Certains en viennent même à s'écorcher l'un l'autre. Une sorte de mécanisme se met en place: Si l'autre me blesse, je me sens obligé de le blesser à mon tour. Ou bien je me sens constamment blessé, comme une victime sur laquelle on ne finit pas de frapper. Étant donné que nous ne pouvons pas complètement éviter les blessures, il importe de bien savoir les gérer. Elles peuvent en effet représenter aussi une chance pour mieux apprendre à se connaître, car elles nous remettent en contact avec celles de notre enfance. Au lieu de reprocher à l'autre ce qu'il nous inflige, nous devrions en tirer profit pour regarder en face notre propre susceptibilité et nous réconcilier avec les blessures du passé. Au bout du compte, il s'agit, une fois encore, d'une tâche spirituelle. Car elles peuvent nous ouvrir à notre être véritable et à l'autre en son altérité. Elles brisent les représentations que nous nous faisons de nous-mêmes et de notre vie de couple, et nous ouvrent finalement à Dieu, véritable fondement de notre vie. Là où Dieu demeure en nous, les autres ne peuvent nous blesser. Ainsi, les blessures et vexations de notre vie quotidienne nous renvoient à cet espace de silence en nous, où nous restons intacts et entiers, et où personne ne peut nous faire de mal.

Il n'y a pas que les blessures quotidiennes, qui sont souvent infligées de manière inconsciente. Il se peut aussi que mon conjoint soit véritablement fautif à mon égard, qu'il ait abusé de ma confiance et – pour reprendre le vocabulaire des Dix Commandements – qu'il ait commis l'adultère et n'ait pas tenu la promesse qu'il m'avait faite si solennellement devant Dieu et devant les hommes. Peut-être a-t-il tu sa relation adultérine, ou l'a-t-il même niée quand je lui en ai posé la question. La question est de savoir comment gérer cette faute. Dans certains couples, le partenaire coupable devra battre sa coulpe tout au long de sa vie. Il n'y aura pas de pardon. Dès qu'il fera une faute ou exprimera le moindre souhait, il s'entendra reprocher : « Tu n'as pas de quoi faire le fier. Tu m'as tellement blessé. » La culpabilité est alors instrumentalisée comme reproche permanent, et l'autre n'a plus aucune chance de communiquer à niveau égal. Ce genre de comportement montre que le mariage ne peut se passer du pardon. Bien entendu, pardonner à l'autre ne signifie pas faire comme s'il ne s'était rien passé. C'est au contraire voir la faute commise et y confronter l'autre, en lui faisant sentir à quel point il m'a blessé. Mais c'est aussi être prêt à pardonner et à laisser le passé au passé.

Un rituel de réconciliation peut aider à concrétiser ce pardon.

Une autre question importante a trait à la gestion de notre propre culpabilité. Car nous ne pouvons éviter de faire des fautes dans une vie de couple et demeurons en reste avec nous-mêmes et avec l'autre. Nous blessons le partenaire quand nous ne lui accordons pas assez d'attention. Celui qui a été infidèle, se sent également coupable. Certains refoulent cet écart de conduite et passent à l'ordre du jour, tandis que d'autres ne peuvent plus se supporter eux-mêmes et se reprochent inlassablement d'en être arrivés là. Ils ne se comprennent plus et sont intérieurement déchirés. Dans une situation pareille, il est important de savoir gérer sa propre culpabilité de manière à ne pas complètement perdre l'estime de soi. Dans la parabole de l'intendant infidèle, Jésus nous montre comment nous y prendre (cf. Luc 16,1-8). Nous ne pouvons nous acquitter de notre dette ni par des performances, ni par des compensations, ni en quémandant le pardon, ni en choisissant de faire profil bas. Le seul chemin est de descendre du trône de notre propre infatuation et de devenir un homme parmi les hommes. L'intendant partage la dette avec les autres débiteurs, en se disant : « Je suis coupable, tu es coupable. Partageons donc la culpabilité. » De cette manière, tous peuvent se regarder dans les yeux. La condition en est cependant que je croie que Dieu m'a pardonné. Si tel est le cas, je dois me pardonner aussi à moi-même et ne plus me reprocher continuellement ma faute. Car cela me paralyserait et n'approfondirait pas l'amour, mais l'éviderait peu à peu. Un amour mêlé à des sentiments de culpabilité se dissout progressivement.

Mais comment se sent la femme trompée par son mari ? Comment réagit l'homme quand il apprend que sa femme a un amant ? Une femme vient d'apprendre d'une amie que son mari a une relation adultérine. Elle lui demande des comptes, et il nie. En contrôlant son portable, elle découvre un SMS de sa maîtresse. La confiance est détruite. Elle ne ressent plus que douleur, rage et déception. Comment sortir de ce chaos sentimental ? Cela ne l'aiderait en rien de faire comme si de rien n'était. Il faut qu'elle fasse sentir à son mari la souffrance qu'elle éprouve elle-même pour qu'il se rende compte du mal qu'il a fait et l'assume. Ce n'est qu'après avoir épanché sa douleur et sa rage, après les avoir articulées, que la femme pourra tenter de pardonner à son mari. Il restera une méfiance, car la confiance de fond a été ébranlée. Cette situation représente un défi. La femme ne peut plus miser sa vie uniquement sur son mari. Elle a besoin d'une confiance plus profonde, en dernière instance d'une confiance en Dieu. Elle ne peut tenir dans cette situation que si elle construit la maison de sa vie sur Dieu, et non sur son conjoint. La blessure la contraint dès lors à passer d'un plan purement psychologique, à un plan spirituel. Cela relativise la douleur humaine. La spiritualité ne doit cependant pas se transformer en fuite devant la blessure. Car alors la femme ne la ressentirait plus vraiment, mais se retirerait sur le plan spirituel, en se soustrayant ainsi à la nécessaire confrontation humaine. Les deux dimensions sont importantes : le plan spirituel relativise la douleur et donne à la femme un sol sûr sur lequel elle peut prendre pied dans son chaos sentimental. Mais il s'agit ensuite de clarifier la situation sur un plan simplement humain. Le mieux est qu'elle parle à son mari de la perte de confiance et de la profonde blessure qu'il lui a infligée, et que les deux réfléchissent ensemble à la manière de rétablir la confiance. Cela exige l'établissement de règles fermes auxquelles le mari doit se tenir, mais aussi la disponibilité de la part de la femme à pardonner à son conjoint, même si ce pardon ne vient pas encore du fond du cœur. Il lui faut la volonté de chercher comment pouvoir à nouveau faire confiance à son mari. En même temps, tous deux pourraient tenter de sonder les causes de cette situation, sans se décharger de l'entière responsabilité sur l'autre. Qu'est-ce qui n'a pas marché dans le mariage ? La routine a-t-elle pris le pas ? L'amour s'est-il étiolé ? Ou bien ont-ils manqué l'un et l'autre de vigilance ? Ont-ils trop peu investi dans leur amour réciproque ? La blessure peut ainsi redevenir une bénédiction pour eux. Mais ce genre de situation requiert souvent une aide extérieure. Et il faut de la patience pour que la blessure se cicatrise et se transforme en perle. Quelquefois, il est vrai, rien de tout cela ne réussit et la séparation reste la seule issue.

Confiance et franchise

L'amour a besoin d'un climat de confiance et de franchise pour pouvoir prospérer et porter des fruits. On ne peut exiger la confiance comme un dû ; elle grandit au fil du temps. La confiance dans le partenaire, une saine confiance en soi et la confiance en Dieu vont de pair. Celui qui manque de confiance en soi aura également du mal à faire confiance aux autres. Celui qui aborde la vie commune avec en soi une blessure liée à une image négative de la mère, attendra de l'autre qu'il s'occupe constamment de lui et aura le sentiment de ne jamais recevoir assez d'amour. Celui qui porte en lui une blessure liée à l'image du père sera naturellement méfiant, et pourra interpréter comme une attaque chaque parole bien intentionnée de l'autre, et comme un rejet chaque regard. Après un traumatisme de ce genre, il est difficile de faire renaître la confiance. Pour qu'elle puisse croître, il faut affronter ses propres blessures. Mais la confiance du partenaire peut parfois les guérir, à condition toutefois de ne pas faire l'impasse sur elles ou de ne pas les refouler.

Celui qui a été déçu dans sa confiance au cours de sa vie aura du mal à se fier au partenaire. Il en est par contre qui sont trop confiants. Ainsi, un homme m'a raconté qu'il avait mis tout son argent entre les mains de sa femme jusqu'au jour où il s'était rendu compte qu'elle avait mis leur compte à découvert et procédé à des transferts de sommes importantes au profit de son ex-ami. Il ne faut jamais perdre le sens des réalités, car il ne peut y avoir de confiance absolue. Une saine méfiance est permise qui, tapie dans l'inconscient, décroît au fur et à mesure que l'on fait l'expérience de la fiabilité de l'autre. On doit faire confiance à l'autre *a priori* et ne pas attendre qu'il fasse le premier pas. Mais cet *a priori* ne saurait être infini. Il transcende simplement la situation du moment, dans l'espoir que la confiance réciproque croîtra progressivement, générant une atmosphère d'ouverture où il sera possible de parler de tout, sans peur que nos paroles soient mal interprétées ou rapportées. Ce climat d'ouverture et de confiance mutuelle fait que nous pouvons aveuglément compter l'un sur l'autre, que la liberté et la sécurité se mettent en place, qui font prospérer l'amour et le rendent plus fort.

L'ouverture ne signifie pas que l'autre doive nous dévoiler absolument tout ce qui se passe en son âme. La confiance ne peut être ainsi exigeante. Chaque partenaire doit garder en lui un espace de mystère inaccessible. Cela ne veut pas dire que l'autre garderait un secret dont il aurait honte, mais plutôt qu'il y a en lui des choses dont il ne peut pas parler parce qu'il n'y voit pas clair lui-même. Il est en chacun de nous un mystère qui nous dépasse et nous met en fin de compte en contact avec le mystère même de Dieu au tréfonds de notre âme. Karl Rahner, mon maître en théologie, a toujours parlé de Dieu comme du mystère absolu. Tout comme nous ne sommes pas capables de sonder le mystère de Dieu, nous ne sommes pas non plus à même d'analyser le mystère de notre propre âme et celui de l'autre.

Mentionnons également la polarité entre ouverture et authenticité. Chacun des deux partenaires est toujours aussi intégralement lui-même et, en ce sens « authentique », c'est-à-dire en contact avec l'*autos*, mot par lequel la philosophie stoïcienne désignait le sanctuaire intérieur de l'homme, l'espace sacré de son Moi véritable, qui demeure inaccessible à l'autre en dépit de toute ouverture. C'est à nous de nous révéler à l'autre, tout en sachant que nous ne pouvons dévoiler le mystère le plus secret de nous-mêmes. Il est bon alors, dans un climat de confiance et d'ouverture réciproques, que nous n'assaillions pas l'autre, mais restions en retrait et nous contentions de ce qu'il veut bien nous révéler de lui et de ce que nous pouvons lui confier à notre tour. Ce qui est décisif, c'est que naisse un climat où chacun se sent libre de dire ce qui le préoccupe, sans avoir à forcément tout dire.

Les partenaires peuvent alors aborder tous les sujets qui leur tiennent à cœur, pas seulement les blessures du passé, mais aussi ce qui les préoccupe sur le moment. Si l'un des deux a le courage d'en parler, il sentira s'alléger le poids de ses soucis, parce que l'autre aidera à les porter. Il fera ainsi l'expérience de ce que Saint Paul appelle la Loi du Christ : « Portez les fardeaux les uns des autres, et ainsi vous accomplirez la loi du Christ » (Gal 6,2).

L'insatisfaction d'un des conjoints par rapport à sa situation professionnelle pèse fréquemment sur le mariage. L'homme rentre chez lui avec ses soucis. Quand sa femme s'adresse à lui, elle n'obtient que des réponses brèves et désagréables, et ne sait quoi penser. Elle aimerait s'entretenir avec son mari de ce qui le préoccupe, mais il demeure fermé à tout échange. Ou bien c'est la femme qui rentre à la maison en se plaignant d'être à bout parce que son chef lui rend la vie impossible, et qui cherche un exutoire dans son mari. Certes, il est bon que les deux conjoints puissent exprimer leur mécontentement, mais s'ils se déchargent trop massivement de leurs soucis l'un sur l'autre, ils finissent par se lasser. Tous deux devraient chercher des solutions pour mieux gérer leur insatisfaction : essayer de trouver un nouvel emploi, par exemple, ou s'astreindre à adopter une autre attitude intérieure en n'accordant plus autant de pouvoir à un supérieur hiérarchique. Ici, la dimension spirituelle pourrait apporter une certaine aide. Dans l'espace intérieur de silence, où Dieu habite en nous, nous sommes protégés et pouvons sauvegarder notre identité, sans nous faire violence. Le supérieur hiérarchique n'y a pas accès et, à partir de cet espace intérieur, nous sommes en mesure d'observer son comportement et de ne pas nous laisser trop impressionner par lui. Nous y jouissons d'une indépendance et d'une liberté intérieures. Je donne parfois aux gens qui me consultent le conseil d'aller à leur travail, avec l'idée qu'ils vont au théâtre assister à une pièce dramatique mise en scène par leur chef. Je les invite à regarder la pièce, mais à ne pas entrer dans le jeu. Alors leur chef n'aura plus de pouvoir sur eux. Et lorsqu'il sentira que ses collaborateurs n'entrent pas dans son jeu, il finira par s'en lasser lui-même et adoptera peut-être un autre comportement.

Fiabilité et responsabilité

Parler aujourd'hui de fiabilité au sein du couple semble aller à contre-courant de la tendance en vigueur. Un tiers des mariages finit par un divorce. Les divorces à l'âge mûr ont été longtemps rares. La plupart des couples se séparaient quelques années seulement après leur mariage, ou alors à la crise de la quarantaine. Aujourd'hui, dix pour cent des couples qui se séparent sont mariés depuis plus de vingt-cinq ans. Depuis 1975, le nombre des divorces a doublé. Au-delà de vingt-cinq ans de vie commune, ce sont, dans deux tiers des cas, les femmes qui prennent la décision de se séparer. Elles ont le sentiment que le mariage les paralyse ou qu'elles ne peuvent pas pleinement s'y réaliser. Comment, dans un tel contexte, parler de fiabilité et de responsabilité, sans donner l'impression de moraliser ?

Lors d'une session sur le mariage, un pasteur protestant proposa de remplacer l'ancienne formule liturgique « jusqu'à ce que la mort vous sépare » par une nouvelle formule : « tant que cela va bien ». Ses collègues protestèrent en argumentant que c'était enlever sa dignité au mariage. Même les couples qui se séparent après plus de vingt-cinq ans de vie commune avaient espéré pouvoir rester fidèles à leur promesse de rester unis pour le meilleur comme pour le pire. Il est vraisemblable que la plupart de ceux qui contractent mariage aujourd'hui misent également sur la fiabilité de la promesse donnée par l'autre et sont persuadés qu'eux-mêmes resteront fidèles à leur partenaire. La décision de se marier inclut cette volonté. Lors du mariage à l'Église, les deux partenaires se promettent réciproquement fidélité « dans le bonheur et dans les épreuves ». Et ils ajoutent : « Je promets de t'aimer et te respecter tout au long de ma vie ». C'est une parole grave et belle que les partenaires échangent ainsi. Il s'agit ensuite d'y rester fidèle. Car il est des jours moins bons, où l'on s'énerve mutuellement, où le mariage connaît une crise, parce qu'on ne discerne plus le fondement commun. Aimer l'autre également dans les mauvais jours est l'expression d'un amour spirituel qui va au-delà de l'amour érotique. La promesse donnée vaut également lorsque le chemin des partenaires se sépare, quelles qu'en soient les raisons. Même alors il importe de continuer à aimer et respecter l'autre. Si je ne fais que dire du mal du conjoint qui m'a quitté, je me noircis aussi moi-même, puisque j'ai vécu un certain temps avec lui. L'« honorer » en parole ne veut pas dire que je fais l'impasse sur sa faute ou que je réprime la douleur déclenchée par la séparation. Mais je continue à honorer en lui ou en elle celui ou celle que j'ai aimé(e) jadis. Et je l'honore comme père ou comme mère de mes enfants. Je ne perds pas l'estime que j'ai pour cet ex-conjoint, même s'il emprunte peut-être des chemins que je ne comprends pas et qui révèlent des facettes négatives en lui.

Les couples qui, au moment du mariage, se promettent fidélité dans le bonheur et les épreuves ne le font pas à la légère. Lors de conversations avec des divorcés, je constate souvent que ces paroles sont restées ancrées comme un aiguillon dans leur conscience morale, soudant le couple et empêchant longtemps la décision d'une séparation. Cela prouve qu'aujourd'hui encore, les gens ont une idée bien précise de ce que veulent dire fiabilité et fidélité. La fidélité a affaire à la solidité, dans la mesure où elle offre aux conjoints un sol ferme sur lequel se tenir. D'après le philosophe Friedrich Bollnow, il s'agit toujours d'une fidélité à quelqu'un, à un « Tu ». Je ne promets pas simplement un comportement déterminé, mais m'engage personnellement dans la promesse que je fais à l'autre. Certains pensent que nous sommes incapables de promettre d'être fidèles à long terme et que nous devons prendre chaque instant une nouvelle décision. Mais Bollnow avance à juste titre que la fidélité nous engage d'une bonne manière en tant que personnes, en nous montrant que nous dépassons toujours l'instant présent. Malgré toutes les transformations que nous traversons, elle fait appel à ce qui demeure inchangé en nous, à ce qui constitue en profondeur notre identité. Promettre fidélité à quelqu'un signifie, selon le psychologue Reinhold Haskamp, « lui rester fidèle à travers tous les changements qui surviennent en nous et en lui. Je dis "oui" à l'autre qui va changer, je dis "oui" à quelque chose qui ne va se révéler qu'au cours d'un avenir encore obscur. » Même si la fidélité ne peut parfois pas être honorée, en faire la promesse vise néanmoins l'éternité. Nous promettons toujours une fidélité durable, éternelle, qui implique la disponibilité de traverser en compagnie de l'autre toutes les difficultés de la vie. Cette promesse donne à de nombreuses personnes la force de gérer d'un commun accord des conflits qui surgissent. Cependant, malgré tout son sérieux, nous n'ignorons pas qu'il peut y avoir des échecs. La promesse d'être fidèle ne les empêche pas, mais leur confère une certaine gravité, de sorte que nous ne dissolvons pas notre pacte à la première difficulté.

Comment peut-il y avoir de la fiabilité en amour? Dans son livre très populaire intitulé *L'art d'aimer*, Erich Fromm écrit ce qui suit: « Si l'amour n'était que sentiment, la promesse de s'aimer pour toujours n'aurait aucun fondement. Un sentiment peut faire irruption comme il peut disparaître. Comment puis-je juger qu'il persistera si mon acte ne comporte ni jugement ni décision? » Erich Fromm considère que fiabilité et responsabilité vont de pair. J'assume une responsabilité vis-à-vis de celui ou de celle à qui je promets fidélité, et dont je veux partager la vie. Le Petit Prince de Saint-Exupéry l'exprime parfaitement: « Tu deviens responsable pour toujours de ce que tu as apprivoisé. » Pour le théologien Joachim Gauck, la responsabilité reflète le fait que nous sommes créés à l'image de Dieu et nous distingue de toute autre créature. Assumer consciemment la responsabilité de quelqu'un d'autre implique donc une connotation spirituelle particulière. Les couples ont en outre la responsabilité des enfants qu'ils élèvent en commun. Les hésitations concernant une possible séparation tournent souvent autour de la question de savoir si le bonheur personnel a priorité sur la responsabilité envers les enfants. Certes, que les parents restent ensemble uniquement pour les enfants et se querellent en leur présence ne sert à rien d'autre qu'à les perturber. Ils souffrent alors avec les parents et ne savent pas vers qui se tourner. Il peut même arriver que l'un des parents les utilise pour qu'ils prennent son parti. Assumer ma responsabilité envers les enfants implique que je m'abstienne d'altercations en leur présence, que je crée pour eux un espace où ils puissent se sentir à l'abri. Sans cet espace, ils se sentent abandonnés et ont le sentiment qu'ils n'ont pas assez de valeur aux yeux de leurs parents pour que ceux-ci restent auprès d'eux. Il s'agit là d'une profonde blessure.

Les ruptures auxquelles nous ne cessons d'être confrontés constituent un grand défi à la fidélité dans le mariage. Les choses ne se passent pas de manière aussi lisse que nous l'avions imaginé. L'homme échoue dans sa profession. La famille connaît des difficultés financières. Un partenaire tombe malade. Ou un enfant pose problème parce qu'il se drogue, ou subit la mauvaise influence de ses amis. Ces défis, qui nous assaillent de l'extérieur, mettent à l'épreuve notre vie commune et secouent les fondements sur lesquels repose la maison de notre vie. Si nous n'avons misé que sur un fonctionnement lisse et une harmonie de façade, cette maison risque de ne pas résister. En dernière instance, ces ruptures exigent une réponse d'ordre spirituel. Je ne peux plus me définir à partir d'un fonctionnement extérieur, du monde intact que j'ai voulu construire avec ma famille. Il faut un fondement plus profond : Dieu, qui nous porte, même si le sol, sur lequel reposent notre mariage et notre famille, commence à chanceler.

Les fêlures dans l'histoire de notre vie personnelle et de notre vie en commun peuvent nous sensibiliser à notre vérité intérieure et à celle des autres, et nous rapprocher mutuellement. Nous permettons à l'autre de jeter un regard dans les abîmes de notre âme alors entrouverte et laissons ainsi tomber tous les masques auxquels nous avons parfois recours pour que l'autre ne nous approche pas de trop près. Les fêlures abolissent tous les obstacles qui se sont amoncelés entre nous et nous offrent la chance de nous rapprocher dans notre vérité et de nous accepter dès lors inconditionnellement. Nous accueillons alors le conjoint dans son succès, ses forces et son harmonie intérieure comme dans sa disharmonie, son échec et ses faiblesses. Cela nous libère nous-mêmes d'avoir à tout prix à prouver notre valeur. Mais cette démarche génère également de la souffrance, car nous sommes obligés de nous défaire des illusions que nous nous sommes faites sur nous et sur l'autre.

Le défi spirituel impliqué dans la gestion des crises relationnelles consiste en ce qu'elles nous permettent de nous remettre en question et de nous demander : Avons-nous construit notre mariage sur des sentiments d'harmonie plutôt que sur l'amour, plus profond que le seul sentiment ? Avons-nous négligé la relation ? D'autres choses ont-elles pris imperceptiblement plus d'importance ? Avons-nous manqué d'attention dans nos rapports à l'autre et à nous-mêmes ? La crise peut en premier lieu nous inviter à découvrir tout ce que nous avons négligé, à abandonner tous les jugements superficiels et toutes les condamnations hâtives et à nous demander simplement ce qui a mal tourné, ce qui s'est usé, où se sont accumulées les blessures et où elles ont été en même temps refoulées.

Le second pas consiste à se demander ce qu'on peut changer concrètement. Nous pouvons, pour ne citer que quelques exemples, prévoir plus de temps pour être à l'écoute de l'autre, prendre plus d'égards vis-à-vis de lui, ou, plus prosaïquement, assumer effectivement notre part des travaux ménagers. Mais il s'agit là de démarches extérieures. Parfois les couples ont l'impression que des démarches de ce genre ne les aident pas à s'en sortir, parce que leur amour a disparu. Il leur faut dans ce cas se demander s'ils n'assimilent pas l'amour au sentiment amoureux. L'amour s'est-il réellement évaporé ? Que signifie « aimer l'autre » quand il n'y a pas de forts sentiments en nous ? Si nous faisons le deuil de cette absence momentanée de passion en nous, nous saurons peut-être accueillir avec gratitude la force de notre amour quotidien qui s'exprime par la solidarité, la loyauté, la fiabilité, la disponibilité à aider, le respect de l'autre. Certes, ce n'est pas forcément celui qui fait la spécificité d'un mariage et qui maintient en cohésion celui-ci. Mais c'est quand même celui qui peut sauver le mariage pendant quelque temps. Cependant, il ne faudrait pas abandonner l'espoir que cet amour plus terne et quotidien pourra, un jour, se transformer en un autre plus vivant. Certains couples pensent que leur amour est de nature simplement amicale, mais ne suffit pas pour faire un mariage ; qu'ils s'entendent bien, certes, mais que la passion et le désir ne sont pas au rendez-vous. Quand nous parlons ainsi, nous avons des idées bien précises sur ce que doit être l'amour. Nous devrions faire le deuil de ce qui manque au nôtre, afin de pouvoir apprécier le don d'un amour d'amitié. Ce n'est pas peu de chose que de vivre ensemble dans l'amitié, de se respecter et de se compléter mutuellement. Est-il nécessaire qu'il s'agisse toujours du grand amour érotique ?

Mûrir ensemble

Jürg Willi, un thérapeute spécialisé dans l'accompagnement des couples, a forgé le concept de « coévolution » pour critiquer une tendance qui a longtemps prévalu en psychologie, selon laquelle seule importe la réalisation du propre Moi. Des partenaires qui cherchent uniquement à protéger leur Moi ne satisfont que leurs propres besoins. Pour Willi, « une vie de couple qui repose sur la seule satisfaction de besoins débouche tôt ou tard sur une impasse et sur l'exploitation réciproque. » On ne peut mener une authentique communauté de vie et d'amour sur de semblables fondements : « On finit par se fatiguer des sempiternelles discussions de savoir qui doit satisfaire les besoins de qui, et quand ; qui est exploité et opprimé par qui ; qui doit renoncer à soi-même et pour qui, et qui doit s'adapter à qui. »

À ce Moi qui ne tourne qu'autour de son autoréalisation, Willi en oppose un qui se transcende lui-même. Dans ce contexte, il se réfère à C.G. Jung, pour qui le Moi se transcende depuis toujours en direction du centre de l'univers, et en fin de compte de Dieu. Selon Jung, le Moi implique toujours et nécessairement les autres hommes et le monde en sa totalité. Personne ne peut déployer son propre Moi sans prendre en compte cette relation. Willi parle ici d'une « autoréalisation écologique ». Il entend par là le fait que le Moi ne peut se trouver et se réaliser que grâce à la participation à des processus globaux d'interaction humaine et, à ce propos, se réfère surtout à Martin Buber pour qui l'homme accède à lui-même dans les rencontres concrètes et pour qui la réalité décisive de l'homme se joue entre le Moi et le Toi. Je n'utilise pas le Toi pour trouver mon Moi. Devenir soi-même ne passe pas non plus par l'abandon complet du Moi, mais a lieu « dans l'espace intermédiaire où le Moi et le Toi peuvent advenir ». Willi cite également Ludwig Binswanger : « Quand aucun Toi n'attend plus rien de moi, je suis mort du point de vue érotique. » Tout en soulignant que cette approche dialogique de l'accès à soi est ancrée dans la pensée chrétienne, Willi la prolonge dans une démarche écologique qui intègre également des données de l'observation de la nature. La coévolution signifie que le développement du Soi n'est possible que dans le contexte du développement commun et simultané d'autres êtres humains, et qu'elle ne se transforme en un processus vivant que dans cette interaction. Et la biologiste Christine von Weizsäcker affirme que le conformisme total est aussi mortel que le non-conformisme intégral. Ce qui vaut pour les processus réguliers dans la nature, vaut également pour le développement d'une relation humaine. Si une femme se conforme complètement à son mari, elle renonce à elle-même, et plus aucune vraie relation n'est possible. Car, pour se déployer, la relation a toujours besoin de la saine polarité entre deux êtres. Et de la même manière, si chacun tient unilatéralement à être lui-même et absolutise son prétendu Soi, la relation n'est pas non plus possible, car chacun demeure isolé en lui-même. Par pure peur de se conformer à l'autre, il reste retranché dans sa forteresse, incapable de sentir l'autre et de l'aborder.

Jürg Willi fait la distinction entre la liaison amoureuse, qui vise à se découvrir physiquement et psychiquement, et la communauté de vie, qui inaugure une histoire commune. La liaison amoureuse est souvent marquée par le propre manque. Abraham Maslow, par exemple, voit dans le besoin d'amour un déficit : « C'est un trou qui doit être comblé, un vide dans lequel se déverse l'amour. »

Mais l'amour mûr n'est pas lié au seul besoin. Si je ne me réfère qu'à ce besoin, mon partenaire deviendra vite un objet de simple consommation. Dans l'amour mûr, je n'ai pas besoin de l'autre pour remplir mon vide intérieur : je l'aime parce que je l'aime, parce que je suis fasciné par lui, et que nous nous enrichissons mutuellement.

L'amour lié au besoin et au manque est souvent à l'origine des crises relationnelles. Si mes besoins ne sont pas assouvis par l'autre, je deviens mécontent, car je suis frustré dans mes attentes. Même si j'exprime mes besoins vis-à-vis du partenaire, que nous en parlons, il subsiste un fossé entre mes désirs et leur satisfaction. Le psychologue Richard Stiegler considère que c'est précisément à ce moment-là que nous pouvons passer à un stade spirituel, en nous demandant : « Comment pouvons-nous atteindre le bonheur s'il y a un tel fossé entre nos attentes et nos désirs à l'égard de la vie, et la vie elle-même ? Existe-t-il un accomplissement plus profond, alors même que nos besoins ne sont pas satisfaits ? » La crise relationnelle nous confronte à des questions spirituelles et suscite en nous la nostalgie « d'une sécurité plus profonde que celle que peut nous offrir la vie normale, d'un sens plus profond que celui que peuvent nous garantir le bien-être et la considération sociale. Il s'agit de la nostalgie de toucher en nous la vie à sa source, de prendre conscience de qui nous sommes, par-delà les rôles superficiels que nous assumons. » Les crises relationnelles demandent à être affrontées et discutées. Mais il ne suffit pas de savoir jusqu'à quel point nous pouvons contenter ou non les besoins de l'autre. Il restera toujours une insatisfaction, et la solution ne sera pas de la combler avec un quelconque *ersatz*, un ami ou une amie, par exemple. Nous n'en viendrons à bout que si nous entrons dans ce vide et accédons ainsi au tréfonds de notre être, où nous entrevoyons ce qui nous porte vraiment.

Jürg Willi évoque quelques courants contemporains de pensée, pour lesquels le divorce comme tel est déjà « une preuve de la propre émancipation ». Selon cette vision des choses, le fait même de rester marié bloque notre évolution intérieure. Cela peut être le cas, bien sûr. Mais normalement, les crises que peuvent connaître les conjoints sont pour eux la chance de mûrir ensemble. Les séparations précipitées, aux premières difficultés rencontrées, empêchent cette maturation. Une telle « coévolution » ne peut toutefois réussir que si les partenaires ne sont pas polarisés sur les sentiments d'amour qu'ils éprouvent, mais construisent d'un commun accord leur communauté de vie en fonction d'un processus axé vers un but : « La relation n'est pas une fin en soi, et les partenaires ne se suffisent pas dans leur intimité à deux, mais orientent leur relation en direction d'un élément tiers, une commune perspective d'avenir » : leur vie commune, à deux ou avec des enfants, ou un travail dans lequel ils sont engagés pour le plus grand bien d'autrui, ou encore un cheminement spirituel qu'ils partagent et où, au-delà de leurs propres limites, ils s'ouvrent à l'espace infini de Dieu. Cela relativise leur souffrance et peut même la rendre fructueuse pour leur chemin spirituel. S'ils n'attendent le bonheur que de leur mariage comme tel, ils seront vite déçus et auront le sentiment d'avoir à se séparer dès qu'ils ne se sentiront plus pleinement heureux. En revanche, s'ils se concentrent sur le cheminement commun de maturation, ils se libèrent de toute fixation indue sur leur bonheur. Cette croissance et cette évolution ne résultent précisément pas de leur complémentarité totale. C'est quand des partenaires ne se comprennent pas totalement et ne sont pas intégralement complémentaires, que cette polarité peut stimuler leur maturation personnelle et les référer à leur vrai Soi, où ils se sentent unis à Dieu et compris par lui.

Quand les enfants entrent en scène, la configuration de la vie commune est bouleversée et doit trouver un nouvel équilibre. Les enfants renforcent le vivre ensemble, et la responsabilité commune à leur égard unit les partenaires. Mais parfois cela peut donner lieu à une crise, dans la mesure où les conjoints ne s'occupent plus que de leurs enfants et ne trouvent pas le temps de se parler et d'approfondir leur propre relation. Le mari peut se sentir négligé par sa femme qui s'épanouit dans son rôle de mère au point d'en oublier celui de conjointe. S'il lui signale alors ses besoins, elle a le sentiment qu'elle a à sa charge un enfant supplémentaire et cela la stresse.

Au moment où les enfants quittent la maison familiale, la vie de couple subit une nouvelle secousse. La maison semble vide et les parents sentent qu'ils sont renvoyés l'un à l'autre de manière nouvelle. Ils ne peuvent plus concentrer toute leur attention sur les enfants et ne parler que d'eux, mais doivent retrouver le chemin d'un échange. Nombre de couples en profitent pour approfondir leur relation, mais il arrive aussi que les conjoints se rendent compte qu'ils sont devenus des étrangers l'un pour l'autre et n'ont plus grand-chose à se dire. Souvent, ils refoulent cette prise de conscience effrayante en se lançant dans de nouvelles activités, alors qu'ils devraient au contraire en tirer profit pour passer en revue le chemin parcouru ensemble et discuter de ce qui les relie en profondeur.

Expériences de finitude

L'expérience de notre finitude est le moment où nous avons le plus besoin de spiritualité. La fragilité et la friabilité sont des potentialités inscrites en toute relation humaine. Que l'un des conjoints tombe malade et tous deux sont confrontés à cette situation, ne sachant pas si la maladie va être bénigne ou si elle va mener à la mort. Ou bien l'un des deux a un grave accident de voiture qui aurait pu avoir une issue fatale. Ou encore, l'un des deux est effectivement grièvement blessé et reste handicapé dans des domaines essentiels de sa vie. De telles expériences doivent être affrontées et assumées. Il n'est en rien utile de les enjoliver en disant : « Cela aurait pu être pire. Tout le monde doit y passer un jour ou l'autre. » S'apaiser ainsi, c'est tenter de refouler ou de minimiser la fragilité de notre vie. Ce sont de telles situations qui permettent au couple de s'interroger sur la manière de gérer la finitude de leur relation. L'un va forcément mourir avant l'autre. Que fera celui qui survit ? Comment va-t-il assumer la solitude ? Comment abordent-ils le fait que la mort va les arracher l'un à l'autre ?

Dans les conversations que je peux avoir, j'entends souvent que des conjoints se sont séparés parce que l'un d'eux est tombé malade – ce qui est, pour ce dernier, à coup sûr, une profonde blessure. Il a le sentiment de n'avoir été accepté par son partenaire que parce qu'il était en bonne santé et le mettait en valeur. Il y a, bien sûr, aussi des situations limite. Ainsi, un homme s'est séparé de sa femme dont la psychose était devenue intolérable pour lui. Lorsqu'ils s'étaient mariés, il ne s'était pas rendu compte de la prédisposition psychotique de son épouse. Il croyait qu'elle était seulement un peu compliquée et qu'il saurait l'aider à vaincre ses difficultés grâce à son amour. Mais par la suite, la psychose s'était révélée une grave schizophrénie. La femme vivait dans un monde irrationnel où il n'y avait pas de place pour la réalité de son mari. Nous ne sommes pas en droit de porter un quelconque jugement si, dans ce cas concret, l'homme opte pour le divorce pour se protéger et ne pas plonger lui-même dans la spirale infernale. Il en va autrement si un mari se sépare de sa femme en apprenant qu'elle souffre d'un cancer. Elle ne peut alors que se sentir gravement blessée, car elle a l'impression de n'avoir été aimée et utilisée que tant qu'elle était en mesure de satisfaire les besoins sexuels de son mari. Une telle situation constitue un véritable défi spirituel. J'ai connu un couple, entre autres, pour qui le cancer avéré de la femme avait été l'occasion d'approfondir la relation des deux. Ils avaient cessé de parler de banalités et accueillaient chaque jour nouveau comme un cadeau, apprenant ainsi à connaître de plus en plus le mystère de l'autre. Leur amour réciproque avait gagné en intensité grâce à la maladie. Quand la femme avait été finalement emportée par son cancer, ils avaient eu le sentiment que leur amour était plus fort que la mort, comme l'a si bien dit Gabriel Marcel : « Aimer un être n'est-ce pas lui dire implicitement : Toi, tu ne mourras point. » La confrontation à la mort leur avait fait vivre un amour tel qu'ils ne l'avaient pas connu auparavant. Leur cœur était si proche l'un de l'autre que rien, pas même la mort, ne pouvait plus les séparer. La femme continuait à vivre dans le cœur aimant de son mari.

Aborder consciemment la mort constitue un aspect essentiel de la spiritualité chrétienne. Il existait dans le christianisme un *ars moriendi*: s'exercer à l'art de mourir. Cet effort à se confronter à notre finitude passait par une prise de conscience de ce que nous pouvons mourir chaque jour. Ainsi, saint Benoît conseille à ses moines de penser quotidiennement à leur mort. Si un couple décide de ne pas éluder la perspective de la mort, cela ne les fait pas seulement vivre de manière plus consciente, mais peut aussi approfondir leur amour et faire du bien à leur relation. Tous deux font alors face à la finitude de leur cheminement commun. Certes, cela peut leur faire peur, mais peut aussi les amener à apprécier et à vivre pleinement les jours qui leur sont donnés, et à réfléchir à la portée et à la solidité de leur foi face au terme de leur vie. La résurrection signifie que nous ne sommes jamais privés de l'amour de Dieu, mais aussi que, dans la mort, nous ne sommes pas arrachés à l'amour de notre conjoint. L'amour est plus fort que la mort. Cette prise de conscience donne aux conjoints le sentiment que, dans leur finitude et leur fragilité, il existe quelque chose qui ne peut être détruit, que leur amour implique une dimension qui perdure par-delà la mort. Ainsi, le fait de penser à la fin de leur cheminement terrestre intensifie leur amour. L'histoire commune, qu'inaugure un couple, n'arrive pas à son terme au moment de la mort. Elle y trouve son accomplissement et la transcende. Elle se répercute sur leurs enfants et petits-enfants, et sur tous les hommes et femmes qu'ils ont rencontrés durant leur vie.

Être attentif et s'impliquer dans la relation

L'attention à l'autre est devenue aujourd'hui un thème clé de la spiritualité. Le maître bouddhiste Thich Nath Hanh la conseille comme exercice quotidien pour accéder au bonheur et à la plénitude. Mais la tradition chrétienne connaît également ce concept. Saint Benoît invite ses moines à utiliser leurs instruments de travail avec circonspection, mais aussi à veiller aux paroles qu'ils prononcent, et à être respectueux dans toutes leurs relations à autrui. Le moine doit toujours être attentif aux subtiles impulsions de son âme, à ses sentiments et à ses émotions, à ses réticences à l'égard de certains travaux ou de certaines personnes. On peut aisément appliquer ces conseils à la relation conjugale, où l'attention à l'autre joue un rôle tout aussi décisif.

Pour que la relation réussisse, l'attention est essentielle et commence par les choses quotidiennes banales. L'organisation du ménage, par exemple, le respect des horaires des repas en commun, pour que l'autre n'ait pas à attendre inutilement. Toutes ces vertus quotidiennes de ponctualité, de fiabilité, de franchise, de sens de l'ordre, de propreté peuvent sembler anodines, mais c'est précisément dans ces attitudes que l'amour entre l'homme et la femme se concrétise. Aux yeux de saint Benoît, la maîtrise réaliste de la vie quotidienne montre si quelqu'un est véritablement un homme spirituel ou s'il se réfugie simplement dans la spiritualité pour échapper au chaos de sa vie. Parfois des gens me disent : « Ma femme a entamé un cheminement spirituel, mais elle néglige ses obligations quotidiennes. Ou : mon mari médite chaque jour pendant une heure pour se soustraire à sa part des travaux ménagers. Il pense qu'il a besoin de la méditation pour se retrouver après son travail professionnel. Mais il ne se rend pas compte qu'il se décharge de tout sur moi. » Une saine spiritualité nous amène à prendre au sérieux le quotidien avec ce qu'il comporte de tâches et de devoirs. C'est en cela que se révèle aussi notre engagement vis-à-vis de notre conjoint.

Le conseil de saint Benoît aux moines vaut également pour les gens mariés : être attentif aux impulsions de son âme. Cela signifie qu'ils doivent veiller sur leurs sentiments en se demandant : Par où l'insatisfaction s'insinue-t-elle en moi ? Où est-ce que je m'enferme en moi-même et où est-ce que je refoule mes mécontentements ? Où est-ce que je ressens un rejet ou une résistance intérieure par rapport à ce que l'autre dit ou fait ? Tous ces sentiments ont le droit d'exister, bien sûr, mais il faut les considérer en toute connaissance de cause. Les vieux pères monastiques, fins psychologues, disent: Je ne suis pas responsable des sentiments qui surgissent en moi, mais de la manière dont je les gère. Face au sentiment d'insatisfaction, je peux m'interroger sur sa raison d'être. Ai-je attendu autre chose de mon partenaire et mes attentes sont-elles réalistes ? Ou bien est-ce que je me berce d'illusions ? L'insatisfaction est-elle une invitation à accepter l'autre tel qu'il est concrètement ? Ou nous offre-t-elle une occasion de parler de notre relation, non pour nous faire des reproches, mais en discutant de ce que nous ressentons et en nous demandant comment consolider notre lien ? Si je refoule trop longtemps des sentiments liés à une blessure, ils risquent de se transformer en amertume. En revanche, si j'y prête attention, je découvre peut-être ma propre vulnérabilité, mes talons d'Achille, avec lesquels je dois me réconcilier. Ou bien je peux dire à mon partenaire que certaines de ses paroles ou attitudes m'ont blessé. Simplement pour l'informer, non pour lui en faire le reproche. Nous pouvons alors tous deux chercher à savoir s'il s'agit plutôt de ma susceptibilité, ou si l'autre répercute simplement ses propres blessures, ou bien encore si ses paroles blessantes sont une réaction à une indélicatesse de ma part. L'attention aux sentiments conduit à un échange plus intense et plus ouvert. Mais ici aussi prévaut le principe selon lequel il ne peut y avoir de franchise absolue. Il est besoin de *discretio*, cette capacité de discernement que saint Benoît déclare mère de toutes les vertus. Je dois sentir, au cas par cas, si je peux parler de mes sentiments ou s'il est préférable que je les gère personnellement.

L'attention, c'est aussi être attentif au partenaire. Il arrive souvent que telle ou telle femme se plaigne de ce que son mari ne se préoccupe pas d'elle, qu'il vit simplement son train-train quotidien, de sorte qu'elle a le sentiment d'être totalement transparente pour lui. Mais elle, se préoccupe-t-elle de ce qui intéresse son mari? Elle pourrait aussi lui demander comment il se sent et ce qui se passe en son âme. Et s'il lui répond alors que tout va bien et qu'il ne comprend pas pourquoi elle lui pose cette question, elle peut lui faire part de ce qu'elle ressent, lui tendre pour ainsi dire un miroir, non pas pour le compromettre, mais avec amour, pour l'aider à affronter sa propre vérité et à prendre davantage soin de son âme. Souvent, nous sommes tellement préoccupés par nous-mêmes que nous ne prêtons plus attention à l'autre et à ses sentiments. Nous tombons alors des nues quand il nous dit soudain qu'il a l'impression que nous ne l'aimons plus, que nous l'ignorons, qu'il se sent abandonné et blessé. L'attention aux mouvements de notre âme et de celle d'autrui est une partie essentielle du travail relationnel de tous les jours.

Pour certains, ce concept de travail relationnel a une connotation négative. Interrogée sur cette question lors d'une interview pour le quotidien *Süddeutsche Zeitung*, l'actrice Birgit Minichmayr répondit un jour: le terme « travail relationnel » ne déclenche aucune frayeur en moi. Peut-être parce que je n'ai jamais ressenti le travail comme quelque chose de négatif. Pour quoi œuvrer si ce n'est pour l'amour?

Pour moi, le travail relationnel consiste avant tout à emprunter le chemin spirituel de l'attention. Mais il peut se pratiquer aussi dans des exercices concrets.

Hans Jellouschek a proposé quelques conseils précis qui semblent, à première vue, se situer sur le plan purement thérapeutique. Mais le fait de s'intéresser au travail relationnel quotidien est déjà en soi une tâche spirituelle. Certains s'y soustraient en préférant poser des exigences à l'autre, lui disant par exemple comment il doit être, l'accusant de ne pas s'en tenir à ce qu'il promet. Mais ils ne sont pas prêts à établir avec lui des règles saines et claires de dialogue ou à faire des efforts concrets pour améliorer leur relation. Je ne voudrais citer ici que deux des exercices proposés par Jellouschek aux couples, sur le thème de la réalisation de soi et du don de soi.

Le premier est le rituel de l'hôte. Le couple se met d'accord pour qu'une fois par semaine, l'un des conjoints invite l'autre à un échange. L'hôte, celui qui invite, présente à son invité son propre monde et parle de lui-même. L'autre se contente d'écouter. Il peut demander des éclaircissements ou des précisions, mais ne doit ni mettre en cause ce qui lui est raconté ni porter de jugement. La semaine suivante, les conjoints changent de rôles. Cet exercice leur permet de ressentir ce qui préoccupe vraiment l'autre, de prendre part à sa vie, en devenant plus attentifs à son altérité.

Le second exercice invite chacun des partenaires « à prendre à tour de rôle, une fois par semaine, l'initiative d'une entreprise commune qui leur fait plaisir à tous deux: aller au cinéma ou au restaurant par exemple. Cette proposition, l'autre doit l'accepter de bon gré. » De telles tâches concrètes nous font nous exercer à l'attitude spirituelle du don de soi. Au lieu de l'exiger, il est tout simplement pratiqué. De cette manière, je m'exerce à me libérer de la tyrannie de mes propres besoins. Je suis concrètement disponible pour mon partenaire et me découvre moi-même de manière inédite. Et le thérapeute chevronné d'ajouter: « Certains couples font là une expérience nouvelle et fondamentale: Je ne suis pas perdant, au contraire, j'y gagne. »

Nombreux sont ceux qui, tout en se plaignant de ce que leur relation s'avère difficile, ne sont souvent pas prêts à investir pour y remédier. Or, pour qu'une relation réussisse, il faut y travailler. Des rituels bien précis peuvent aider à ce qu'elle demeure vivante. Certains couples ont leurs propres rites, qu'ils développent pour réserver du temps à leur relation et à des échanges sur des thèmes qui leur semblent importants, ou qui les invitent à des actions communes destinées à approfondir leur lien. On peut les trouver superficiels, mais en vérité, ils sont souvent un moyen d'exprimer des sentiments qui, sans quoi, resteraient refoulés. Les rituels intensifient une relation, créent une identité et donnent à chacun des partenaires le sentiment qu'il vit sa vie de couple, qu'il lui donne forme et qu'il y prend plaisir.

Relations et spiritualité : quatre exercices

Il est vain de se lamenter sur l'inaptitude à nouer des relations, dont souffre l'homme d'aujourd'hui. Il est plus important d'apprendre ce qui peut y remédier. Rappelons qu'il n'existe aucun truc rapide et qu'une bonne relation ne peut naître d'une pression moralisatrice. Il faut avancer précautionneusement sur un chemin où l'on peut s'y entraîner, avec des exercices qui commencent par la relation à soi-même pour s'achever par la relation au partenaire, en passant par la relation aux choses et la relation à Dieu.

Je ne peux entrer en contact avec autrui que si je suis en contact avec moi-même, car je ne crains plus alors que l'autre puisse découvrir en moi quelque chose que je me suis caché. Si j'entre moi-même dans la demeure de mon corps et de mon âme, il m'est possible aussi d'y faire entrer l'autre ; je peux lui dévoiler tout ce qui est en moi, car je me suis autorisé à ce que ma demeure intime soit ce qu'elle est. La relation à moi-même m'ôte toute peur de la proximité d'autrui. Je me suis rapproché de moi-même, je peux donc laisser l'autre s'approcher de moi et même jouir de sa proximité. Puisque je suis mon propre ami, je peux être aussi l'ami de quelqu'un d'autre et je considère comme enrichissante la relation que j'ai avec lui. Je ne veux ni forcer sa porte ni le sonder, mais je peux percevoir son mystère, à lui qui est si différent de moi. Le lien avec autrui n'est possible que si je me contente de simplement le sentir à côté de moi, sans vouloir porter de jugement de valeur sur lui. Ainsi, il ne me craindra pas. L'amour ne peut côtoyer la peur.

J'aimerais me limiter, dans les recommandations qui vont suivre, à des exercices spirituels. Des psychologues spécialistes du couple, comme Hans Jellouschek, ont décrit des exercices que les couples peuvent effectuer ensemble pour approfondir leur relation. Plutôt psychologiques et concrets, ils peuvent aussi faire partie d'un cheminement spirituel. Car la spiritualité, qui entend pénétrer et transformer la vie quotidienne, passe toujours par des rituels concrets. Ceux-là, qu'ils soient explicitement religieux ou non, ont pour but de nous transformer et de transformer notre vie et de la mettre sous la bénédiction de Dieu pour que ce que nous faisons soit aussi béni par Dieu. Rien n'oblige à les pratiquer tous. L'essentiel est de pratiquer les rituels et de faire les exercices qui nous touchent et éveillent en nous l'envie d'essayer.

PRENDRE CONSCIENCE DE SOI-MÊME

L'EXERCICE DE RESPIRATION

Je me concentre sur ma respiration, je la sens et, par elle, j'entre en contact avec mon corps. Je laisse ma respiration se répandre dans tout mon corps et, par elle, je le sonde en quelque sorte. J'essaie de l'habiter tout entier, d'entrer en relation avec tout ce qui est en moi. Je laisse ma respiration couler jusqu'au bout de mes doigts et jusqu'à mes orteils. Je me caresse pour ainsi dire affectueusement avec elle. Si je réussis cet exercice, je me sens un avec moi-même, j'habite en mon corps et suis en relation avec lui.

L'EXERCICE DES MAINS

Je joins les mains et sens l'une avec l'autre. Je perçois la chaleur de mes paumes. Je peux alors les écarter lentement l'une de l'autre en cherchant à sentir avec l'une le contact de l'autre. Parfois, je peux percevoir que mes deux paumes s'attirent et lorsque je les réunis à nouveau, je sens le lien s'établir entre elles. La chaleur, l'amour, la vie se déversent de l'une à l'autre et se déversent en moi. Je me perçois, je suis en relation avec moi-même.

L'EXERCICE DU CŒUR

Je mets une main sur mon cœur et perçois la nostalgie qui émerge en lui. Je me sens moi-même dans cette nostalgie et dans les autres sentiments qui sont en mon cœur. Elle me conduit dans la profondeur de mon âme où je découvre une véritable paix intérieure, la tonicité et la liberté. Je peux me sentir moi-même si je cesse de m'évaluer. Je perçois, tout simplement. Je me permets intérieurement d'accepter sans juger tout ce qui surgit en moi et j'entre ainsi en relation avec tout ce qui est en moi. Je me sens vivant dans ce lien. La vie coule en moi.

LA RELATION AUX CHOSES

Les sens me mettent en relation avec les choses. Je regarde une fleur. Je contemple sa beauté et je tente de percevoir intuitivement son mystère. Je respire son parfum. Je la découvre. Je la touche tendrement, et j'entre en relation avec elle. Ou je palpe un arbre, je sens la force qui est en lui. Ou bien encore je saisis une pierre, ferme les yeux et la devine avec les doigts. Entrer en relation avec les choses demande de l'attention, du silence, une ouverture d'esprit. Et je peux m'y exercer chaque jour. Je décroche consciemment le téléphone. Je sens le stylo avec lequel j'écris. Ou encore le clavier de mon ordinateur. Je manie avec précaution les livres que j'ai en main, mon sac, tout ce que chaque jour je touche et manipule.

Je ne peux me forcer à faire attention aux choses ; je ne peux que m'y exercer. Les considérer de façon plus intense va me faire du bien. Leur contact va aussi me mettre en contact avec moi-même. Je serai de plus en plus présent à moi-même si je fais plus attention aux choses. La relation avec elles va me montrer des côtés ignorés de moi-même.

LA RELATION À DIEU

Dans sa présence

On ne peut pas simplement apprendre à avoir une relation avec Dieu. Et pourtant, il existe des moyens de s'entraîner à vivre dans la présence de Dieu, notamment des exercices spirituels. Je m'astreins à me rappeler consciemment que Dieu est présent et que sa présence m'enveloppe. Je travaille devant lui. Je vais me promener devant lui. Lorsque je suis assis là et que je médite, je suis devant lui. Un missionnaire me racontait un jour que la prière quotidienne du bréviaire lui était devenue pénible parce qu'elle ne lui faisait pas du tout sentir Dieu, et comment, il avait réappris à prier plus intensément. Il s'est souvenu de ce qu'enfant, il jouait dans la cuisine, tandis que sa mère s'affairait. La seule présence de sa mère à ses côtés lui donnait un sentiment de sécurité, de

« chez-soi ». Il a ressuscité alors en lui cette image et imaginé prier des psaumes devant Dieu, même si celui-ci ne se montrait pas. Mais il savait qu'il était là, comme avait été là sa mère. Ce sentiment d'être et de prier devant Dieu a transformé la prière du bréviaire. Je n'ai pas besoin de toujours ressentir la relation à Dieu. Il suffit que j'imagine et que je croie que Dieu est présent et je serai aidé à être et à rester en relation avec lui, même si je ne le perçois pas avec mes sens.

PAROLES DE NOSTALGIE

En priant les psaumes, il m'est utile d'imaginer que je m'adresse à Dieu. Je ne réfléchis pas aux paroles que je prononce, mais je me concentre, en les disant, sur celui à qui je les adresse. Elles me font ainsi sortir de moi-même, de ma fixation sur mes sentiments religieux ou sur mon vide intérieur pour me conduire à Dieu. Tout mon esprit est alors tourné vers lui. Saint Augustin dit que nous ne devons pas réfléchir aux paroles, mais que les mots de nos prières doivent stimuler notre nostalgie de Dieu. Réciter ou chanter les psaumes, par exemple, me fait entrer, avec ma nostalgie, en contact avec Dieu. Cette nostalgie comme telle me réfère à lui.

LES GESTES

Un autre moyen de sentir le lien à Dieu passe par les gestes. En faisant de mes mains une coupe, je m'en rapporte à Dieu. Mes mains vides implorent d'être emplies par Dieu. Elles lui montrent ma nostalgie de lui. Si je lève les mains en signe de bénédiction, je me représente que la bénédiction de Dieu s'étend par mes mains sur les hommes. Par ce geste aussi, je me réfère à Dieu et aux autres. Les mains m'éloignent de l'enfermement en moi-même et me mettent en relation avec Dieu. En joignant les mains, je m'oriente également vers lui. Je les élève vers le ciel pour que mon esprit s'élève vers Dieu. Mais lorsque j'ai les mains jointes, je me sens aussi moi-même, très intensément, je sens la chaleur de mes paumes. En m'agenouillant devant Dieu, je noue encore une autre relation avec lui. Je perçois quelque chose de sa majesté. J'essaie de me libérer de mon ego et de laisser Dieu être Dieu. Lorsque je me prosterne devant lui, je ne fais pas seulement l'expérience du contact de mon corps avec la terre, mais aussi avec Dieu en qui je suis en sécurité et qui me porte. Dans chaque geste je peux ainsi ressentir différemment mon lien à Dieu et ce sont justement ces différents gestes qui vivifient et dynamisent cette relation.

La respiration de l'amour

La respiration est aussi pour moi un chemin important pour percevoir ma relation à Dieu. Rumi, le poète soufi persan a dit un jour que la respiration de Dieu est un parfum d'amour. Cette image m'a aidé à percevoir l'amour de Dieu dans ma propre respiration. J'imagine comment, dans la respiration de Dieu, son amour descend en moi et s'instille dans mon corps tout entier et dans mon âme. En suivant consciemment les mouvements de ma respiration, je ressens la relation à Dieu dans ma chair. L'amour de Dieu se déverse dans mon corps et est perceptible dans ma respiration. Si, dans la journée, je ne sens pas mon lien à Dieu, je me concentre sur quelques inspirations et expirations et cela m'aide à prendre conscience qu'avec cette respiration, l'amour de Dieu coule en moi. Pour un moment, je peux alors sentir à nouveau ma relation à lui et me sentir moi-même avec tendresse, car tout mon corps est empli du parfum de l'amour de Dieu.

LA RELATION AU PARTENAIRE

Le rituel de la bénédiction du matin

La bénédiction matinale est un beau rituel pour entamer la journée. J'élève les mains et me représente que la bénédiction s'étend sur mon conjoint et sur les enfants, qu'elle pénètre les pièces de notre appartement. Une fois ce geste accompli, je vais les voir de manière différente et commencer autrement ma journée. Une femme m'a raconté que lorsqu'elle entrait au salon le matin, elle pouvait souvent ressentir encore les ondes négatives qui s'étaient dégagées la veille au soir de l'échec d'une conversation, et que si elle y envoyait la bénédiction de Dieu, cela changeait l'atmosphère, qu'elle pouvait alors entrer dans des pièces bénies. Un tel rituel peut aussi aider à percevoir la relation avec le partenaire lorsque les deux sont séparés par leur travail ou de quelconques obligations. Un homme, obligé de travailler loin de sa famille, me disait que le rituel de la bénédiction matinale est pour lui une bonne occasion de sentir intensément ce qui le lie à sa femme et à ses enfants. Il élève les mains et imagine que la bénédiction de Dieu, son amour et sa conscience d'avoir charge de leur vie se déversent sur sa femme et ses enfants.

Sentir le ou la partenaire en son cœur

J'aime méditer avec la prière de Jésus. Je mets la main sur ma poitrine et murmure en inspirant : « Seigneur Jésus-Christ » et en expirant : « Fils de Dieu, aie pitié de moi ! ». J'ai parfois recours à cette méditation pour percevoir mon lien intime à un ami ou une amie. Je dis alors : « Aie pitié de lui ou d'elle ! » Et je sens cet ami ou cette amie en mon cœur. Ce peut être aussi un bon exercice dans le couple. Je laisse se déverser sur mon conjoint le miséricordieux et tendre amour de Jésus et imagine que non seulement Jésus et son amour habitent en mon cœur, mais que mon partenaire y demeure aussi. Grâce à cette forme de méditation, je me sens lié à l'autre par un amour plus intense. C'est l'amour de Dieu qui s'est incarné et que j'ai concrètement rencontré en Jésus, un amour qui ne se tarit jamais, même si les sentiments amoureux s'étiolent. Je sens au fond de mon cœur l'amour pour mon ou ma partenaire.

MÉDITER SUR MON / MA PARTENAIRE ET PRIER POUR LUI / ELLE

Il n'y a pas que la méditation qui m'ouvre à Dieu et qui me permet de parvenir en mon propre centre. Je peux aussi méditer sur le partenaire. Je m'assieds dans le calme et le silence et me plonge en lui par la pensée. J'essaie d'imaginer ce qui le touche au plus profond de lui-même, ce à quoi il aspire, de quoi il souffre, quel est son état d'âme en ce moment, s'il va bien ou mal. Je me rappelle l'expression de son visage, le ton de sa voix, les paroles qu'il a prononcées, et j'essaie d'y déceler ce qu'il a voulu exprimer. Après avoir traversé tous ces aspects extérieurs, je médite sur son être profond, sur ce qui fait son unicité et sa spécificité. Quelle image originelle et intacte Dieu s'est-il faite de lui ? Je médite ainsi sur lui pour me sentir intérieurement lié à lui. Et je prie pour lui. Dans cette prière, je renonce à formuler des souhaits particuliers. J'en laisse le soin à Dieu, qui doit savoir ce qu'il pourrait faire germer en lui. Je prie tout simplement : « Seigneur, bénis-le ! Seigneur, bénis-la ! » Dieu est à même de lui offrir tout ce dont il a besoin à cet instant, ce qui apportera la paix en son cœur et comblera sa nostalgie la plus profonde.

Réciter ensemble le Notre Père

Si de nombreux couples aiment à prier ensemble, d'autres pensent que seule la prière individuelle peut les relier. Il est bon qu'un couple puisse prier ensemble, avec des mots personnels. Mais les partenaires remarqueront souvent que même les mots personnels peuvent devenir conventionnels et creux. Un bon rituel consiste à réciter un Notre Père ensemble, à voix haute, le matin et le soir. Nous pouvons nous y prendre de deux manières différentes : réciter le Notre Père sans perdre de vue la situation présente. Les mots prennent alors un tout autre sens. Nous nous emplissons de Dieu, portés que nous sommes par notre Père commun, notre Mère commune. Dans cette prière que nous récitons ensemble, nous demandons que la gloire de Dieu resplendisse, que son Règne arrive, que son amour rejaillisse sur notre vie commune, nous demandons à n'être pas dominés par nos besoins, que sa volonté soit faite qui nous guérisse, et non la nôtre qui correspond à notre humeur du moment. Nous lui demandons aussi de nous aider à assumer financièrement notre vie et de pardonner toutes les fautes que nous sentons en nous. Nous n'incriminons personne, ni nous-mêmes ni les autres, nous nous contentons de remettre notre vie entre les mains miséricordieuses de Dieu. Et nous le prions de nous maintenir dans notre amour et de nous protéger contre les dangers. Récité de cette manière, le Notre Père nous redonne confiance et nous assure que notre vie commune est sous la bénédiction de Dieu.

Mais les partenaires peuvent aussi dire très lentement le Notre Père en imaginant comment leurs parents, leurs grands-parents et leurs arrière-grands-parents en ont prononcé les mots et comment ils y ont puisé la force de maîtriser leur vie. Et ils peuvent imaginer également que, tandis qu'eux, croyants, récitent le Notre Père, leurs ancêtres les regardent en le récitant aussi dans le ciel. Ils se sentent alors reliés à eux. Ils sentent que leur vie commune a des racines profondes, qu'ils ne sont pas seulement portés par leur amour l'un pour l'autre, mais par la foi, l'espérance et l'amour de leurs ancêtres.

Se bénir l'un l'autre

De nombreux couples ont mis en place un rituel qui consiste à se donner un baiser le matin avant le petit-déjeuner et le soir avant le coucher, avant de partir au travail ou en en revenant. C'est une belle manière d'exprimer chaque jour son amour pour le conjoint. D'autres se tracent un petit signe de croix sur le front en se disant au-revoir et se bénissent ainsi pour le travail qui les attend dans la journée. En certains jours particuliers, comme l'anniversaire, la fête ou l'anniversaire de mariage, il est une autre manière d'accorder sa bénédiction personnelle au partenaire : je pose mes deux mains sur sa tête et imagine que le Saint-Esprit descend en lui. J'ajoute quelques paroles à ce geste, lui souhaitant par exemple que la bénédiction de Dieu l'accompagne et qu'il se sente toujours protégé par la main de Dieu. Et je demande à Dieu qu'il transforme en bénédiction tout ce qu'il a dans la main et le remercie de faire en sorte que mon partenaire soit une bénédiction pour moi ; je demande aussi que mon conjoint et notre amour deviennent une bénédiction pour nos enfants et tous ceux que nous chérissons, et je termine en prononçant ces mots tout en gardant mes mains sur sa tête : « Que le Dieu miséricordieux et aimant te bénisse, le Père, le Fils et le Saint-Esprit. » Puis, du pouce, je trace un signe de croix sur son front, laisse encore y reposer mon pouce un instant pour qu'il sente que la bénédiction pénètre profondément sa pensée et ses sens jusqu'en son for intérieur, en son Moi originel et authentique.

ÉCRIRE UNE LETTRE

Lorsqu'une relation de couple s'installe, les partenaires s'écrivent souvent pour exprimer leur amour. Puis, au fur et à mesure que le temps passe, ils estiment qu'ils peuvent parler de tout. Mais il est bon aussi de s'écrire une lettre de temps à autre. Notamment à certaines occasions – un anniversaire, ou l'anniversaire de mariage –, mais aussi dans des situations plus difficiles, quand on ne parvient pas à clarifier des choses ensemble. Je prends alors mon temps ; je m'assieds pour réfléchir à ce que je vais écrire exactement. J'emplis mes propos de bienveillance et d'amour et demande à Dieu de m'aider à employer les mots justes. Je me mets alors à écrire ce que j'ai envie de dire à mon partenaire depuis longtemps sans oser le faire. Je l'assure qu'il est important pour moi, que je l'aime et que je lui suis reconnaissant de l'amour qu'il me porte. Ces lettres-là renforcent l'amour et nous conduisent au fond de nous, dans cet amour de Dieu qui nous unit.

Il y a bien sûr beaucoup d'autres façons de communiquer. Le téléphone qui nous relie lorsque nous sommes séparés, ou les petits SMS sont autant de signes de notre attachement l'un à l'autre qui peuvent aussi approfondir notre union.

CONCLUSION

L'amour, voilà ce qui nous nourrit. Mais assez souvent, nous n'y parvenons pas. Certains couples me confient qu'ils ont faim de l'amour de l'autre. Ils attendent de l'amour de leur conjoint que ce soit pour eux une nourriture. Mais ce n'est pas seulement l'amour qui nous nourrit. L'amour lui-même a besoin d'être nourri, entretenu pour ne pas nous filer entre les doigts. Et les possibilités ne manquent pas : s'accorder l'un l'autre suffisamment de temps, se comprendre, être ouvert pour l'autre et honnête envers lui, n'être qu'un dans l'union sexuelle. Les thérapeutes spécialistes du couple nous ont montré de nombreux chemins à emprunter pour entretenir l'amour. Pour moi, c'est surtout celui de la spiritualité, car c'est elle qui nous conduit à la source de l'amour divin et inépuisable qui est en nous. Si nous nous abreuvons à cette source, notre amour ne se tarira jamais.

La relation et la spiritualité constituent une polarité qu'il nous est impossible de dissoudre. Je peux envisager le sujet sous des angles divers. Tantôt, c'est la spiritualité qui m'aide à établir une relation, à la confier à Dieu qui veille sur elle et la bénit et à m'y embarquer avec toute mon espérance. La spiritualité me décharge d'attentes exagérées, des images idéales que je me suis faites et qui m'amènent à trop demander d'elle. Par ailleurs, vivre ma relation me renvoie sans cesse à sa dimension spirituelle et à celle de notre vie. Les comportements que requiert le rapport entre l'homme et la femme, pour que leur relation réussisse, sont en dernière instance des comportements empreints de spiritualité: confiance, responsabilité, amour et don de soi, espoir et fiabilité, liberté et abandon, reconnaissance et humilité.

Il n'est pas de recette spirituelle miracle qui permettrait de vivre une relation plus pleine. Et je ne peux non plus prodiguer des conseils spirituels qui garantiraient sa réussite. Nous devons nous défaire de l'illusion que nous n'avons qu'à pratiquer suffisamment d'exercices spirituels ou appliquer des méthodes psychologiques de communication pour que notre relation aboutisse pleinement. Il n'existe pas de garantie absolue. La spiritualité nous permet de nous débarrasser de nos propres attentes inconscientes: celle que notre union est quoi qu'il arrive inébranlable, ou encore qu'en nous efforçant de méditer autant qu'il le faut et en nous appliquant à suivre les conseils, rien ne peut lui arriver. La spiritualité nous libère justement de cette pression intérieure que nous nous imposons nous-mêmes. Elle nous montre la dimension de la grâce. Il nous faut absolument nous exercer pour que notre relation conjugale ou amicale soit couronnée de succès et nous maintienne vivants. Mais même si nous nous y entraînons parfaitement, nous ne pouvons avoir la certitude que notre union sera sans nuages. Il est capital que nous ne misions pas tout notre espoir sur la réussite. Dieu nous porte. Et savoir que nous sommes entre ses mains avec nos succès et nos échecs, avec ce qui est intact en nous et ce qui est brisé, nous déleste de toute crispation et de la quête fébrile de méthodes psychologiques ou spirituelles. Sur le chemin commun de l'amour, nous ne pourrons échapper aux déceptions ni aux blessures, mais nous vivrons aussi des moments de plénitude et d'enchantement. C'est précisément cette fragilité qui nous renvoie à cet amour indéfectible sur lequel nous pouvons toujours compter, l'amour de Dieu, qui est en nous comme une source intarissable à laquelle nous pouvons nous abreuver pour vivifier un amour qui s'étiole et nous fait reprendre conscience des possibilités de vie qui y sont liées. La spiritualité est la confiance que nous avons cette source d'amour en nous qui ne s'asséchera jamais parce qu'elle est divine et peut transformer et renouveler notre amour humain.

Bibliographie sélective

L'art de vivre à deux, sous la direction de Chantal et Antoine d'Audiffret ; avec la collaboration de Caroline Pépin. – Paris : Ed. de l'Atelier, 2009.

Pierre Debergé, *L'amour et la sexualité dans la Bible*. – Montrouge : Nouvelle cité, 2001 (Racines)

Erich Fromm, *L'art d'aimer*. – Paris : Éditions de l'Épi, 1968.

Éric Fuchs, *Le désir et la tendresse : pour une éthique chrétienne de la sexualité*. – Paris : Albin Michel, 1999 (Spiritualités)

Yves de Gentil-Baichis, Françoise Sand, *Le couple au risque de la durée : entretiens*. – Paris : Desclée de Brouwer, 2009.

Anselm Grün, *La mystique : la quête de l'espace intérieur*. – Paris : Salvator, 2010.

Nicole Jeammet, *Le célibat pour Dieu : une autre manière de créer des liens : regard psychanalytique*. – Paris : Éditions du Cerf, 2009 (L'histoire à vif)

Fabrice Midal, *Et si de l'amour on ne savait rien?* – Paris : Albin Michel, 2010.

François de Muizon, *Homme et femme : l'altérité fondatrice.* – Paris : Éditions du Cerf, 2008 (Recherches morales)

Psychologie et vie spirituelle / sous la direction de Paul Legavre. – Paris : Assas éd., 2006 (Christus. Hors série ; 210)

Joseph Ratzinger / Benoît XVI, *Foi chrétienne, hier et aujourd'hui.* – Paris : Mame, 1969.

Joseph Ratzinger, *La collaboration de l'homme et de la femme dans l'Église et dans le monde.* – Paris : Salvator, 2004.

Odon Vallet, *Petite grammaire de l'érotisme divin.* – Paris, Albin Michel, 2005 (Espaces libres. Spiritualités)

TABLE

CE QUI RENFORCE L'AMOUR

Éditions Salvator
Extrait du catalogue

V. Albisetti, *Le bonheur pas à pas*
M. Albright, *Dieu, l'Amérique et le monde*
J. Arnould, *Requiem pour Darwin*
J. Arnould et Jean-Didier Vincent, *La vie est-elle sacrée?*
M. Aupetit, *La mort, et après?*
M. Aupetit, *L'embryon, quels enjeux?*
J. Bancal, *J'ai rencontré Dieu, autobiographie spirituelle*
A. Bandelier, *La prière avec Marie*
J. Baruzi, *Saint Jean de la Croix*
H. et J. Bastaire, *Pour un Christ vert*
E. Belluteau, *Aimez-vous comme je vous ai aimés*
E. Belluteau, *Quand la Bible parle du handicap. Un autre regard*
J. Benoist et A. Montabone, *Découvrir la prière au Cœur de Jésus et au Cœur de Marie*
Benoît XVI, *Dieu est amour* (encyclique)
Benoît XVI, *Méditation sur Noël*
Benoît XVI, *Neuvaine de Noël*
Benoît XVI, *Méditation sur le Carême et Pâques*
Benoît XVI, *Saint Paul. Vivre du Christ et avec le Christ*
Benoît XVI, *Les Bâtisseurs de l'Église*
G. Boissard, *La foi catholique, tout simplement*
A. Bonis, S. Dechavanne, M. Wabont, *La France cistercienne*
J.-M. Bot, *Le Cantique des Cantiques*
F. Bouchard, *Sainte Thérèse de Lisieux*
F. Bouchard, *Don Bosco. Par la force du cœur*
H. Brunel, *Une année avec Marie*
A. Brunot, *Mariam la petite Arabe*
R. Cantalamessa, *Le Mystère pascal*
X. de Chalendar, *Ils ont vu Jésus. 50 personnages de la Bible*
Collectif, *Sagesse des monastères*

M. Cressent et F. Monfort, *L'espérance m'a saisie. Un accompagnement spirituel*
A. Cugno, *De l'angoisse à la liberté. Apologie de l'indifférence*
L. Dardanello Tosi, *100 prières pour ceux qui ont du mal à prier*
Th. Dary, *Manifeste pour un christianisme engagé*
C. Delhez, J.M. Petitclerc, N. Deglin, *Tu peux changer le monde!*
C. Delhez, L. Joncheray, M. Terlinden, *Tu peux croire à l'amour!*
J. Driscoll, *L'Alphabet du moine*
G. Fazzini, *Le Livre rouge des martyrs chinois*
J. Fournier, *Paris, carrefour des saints*
G. Gigliozzi, *Padre Pio m'a dit*
G. Gilbert, *Cris de jeunes*
P. Giniewski, *L'Antijudaïsme chrétien*
Y. Jausions, *Découvrir la prière intérieure*
Jean-Paul II, *Paroles joyeuses*
Jean-Paul II, *Testament spirituel*
J. Kammerer, *100 prières pour les malades*
J. Kammerer, *La Baraque des prêtres à Dachau*
Thomas a Kempis, *L'Imitation de Jésus-Christ*
I. Langres, *100 prières avec Marie*
La-petite-rien-du-tout, *Une ermite au cœur de la ville*
A. Laurent, *Les chrétiens d'Orient vont-ils disparaître?*
J. Lecaillon, *Faut-il stopper la croissance?*
J. Lecaillon, *Foi et Business Model*
O. Lechner, *Grands-parents, transmettez votre foi*
L. Lécuru, *100 prières en famille*
N. Ledgin, *Ces autistes qui changent le monde*
M. Leplay, *La foi que j'aime le mieux*
D. Long, *Manuel de survie spirituelle dans la globalisation*
N. Mackey, *Une avocate internationale au Carmel*
L. Malem, *Un Juif au Vatican*
A. Monestier, *La genèse du féminin*
N. Nabert, éd., *Le Chant des profondeurs*
C. Ollivier, *100 prières des Pères de l'Église*
Padre Pio, *Paroles de Padre Pio*

J.-M. Petitclerc, *Dire Dieu aux jeunes*
J.-M. Petitclerc, *Éduquer aujourd'hui pour demain*
G. Pietri, *Pourquoi je suis croyant*
Ch. Poirier, *Le Combat spirituel*
K. Rahner s.j., *Homélies et Méditations*
J. Ratzinger, *La Collaboration de l'homme et de la femme dans l'Église et dans le monde*
J. Ratzinger, *Ils regarderont Celui qu'ils ont transpercé*
S. Rougier, *L'avenir est à la tendresse* (nouvelle édition 2005)
L. Sheppard, *Il n'est jamais trop tard. Dix recettes pour changer le cours de votre vie*
C. Schilling, *Guérir au souffle de l'Esprit*
L. Schlesser-Gamelin, *Le Langage des sectes*
H. Schlier, *Sur la résurrection de Jésus-Christ*
F. Schlingensiepen, *Dietrich Bonhoeffer* (biographie)
B. Souchard, *42 Questions sur Dieu*
Card. D. Tettamanzi, *Nouvelle Bioéthique chrétienne*
X. Thévenot, *Éthique pour un monde nouveau*
F.B. Todorovitch, *Aldous Huxley*
H. Urs von Balthasar, *Qui est chrétien?*
J. Vernette, *Sectes, que dire? que faire?*
G. de Villers, *Soigner le goût de vivre*
M. Wackenheim, *La Messe en 50 questions*
G. Watts, *Benoît XVI, son histoire*
F. Wolff et H.-J. Gagey, *Le mal nie-t-il l'existence de Dieu?*
A. Zichichi, *L'univers a un Créateur*

Cet ouvrage a été composé
par Atlant'Communication
au Bernard (Vendée).

Achevé d'imprimer
sur les presses de Corlet Imprimeur

N° d'imprimeur : 136542
Dépôt légal : mars 2011